這樣的我，也是不錯

即使人生不那麼閃閃發光，你也能好好愛自己

朴珍英 --- 著　　何汲 --- 譯

推薦序

在自我要求的同時，也學會放過自己

陳志恆／諮商心理師

在成長的過程中，我們常只被敦促做到「我行」，但卻少了培養「我不行也沒關係」的情緒承載能力。

於是，長大後，當我們發現自己並不快樂時，就得把這失落的一塊給找回來，最佳途徑便是懂得「善待自己」。然而，善待自己並不是透過大吃大喝、揮霍無度來犒賞自己的辛苦，這只是在高度壓力下的心理補償，而是能夠在心裡停止自我批判，接納那個不夠好的自己，用白話一點的語言來說，就是「放過自己」。

我在心理諮商或心理成長課程中，常給高度自我否定的個案或學員做一個名為「同在模式」的練習，也就是練習告訴自己，兩個看似對立卻可以同時並存的自我描述，例如：

「我不可能交到知心的朋友，同時，我有時候也會獲得別人善意的回應。」

「我終究是個失敗者，同時，我在許多方面也做得不錯。」

同在，讓好與壞同時並存，這些都是人生的真實面，我們都需學習去接納下來。

很幸運地，韓國的心理學家暨知名作家林珍英，寫了一本貼近社會大眾、易讀易懂的好書《這樣的我，也是不錯：即使人生不那麼閃閃發光，你也能好好愛自己》，特別要給那些不斷追求成功，卻總是無法獲得想像中快樂與滿足的人閱讀，學習如何放過自己、善待自己、接納自己與喜愛自己。

一般認為，正向思考能讓一個人更快樂，在許多狀況下，確實如此。但現在已經有許多研究指出，極端的正向思考或信心喊話，有時候只會讓人更沮喪；理由是，自我批判的聲音會告訴你：「我根本做不到這些正向思考的內容呀！」

取而代之的，應該是「彈性思考」。也就是，明白自己有不足之處，同時，也看見自己有良善的可能性，這才是更合理的自我對話方式。

我很喜歡這本書，是因為書中並不會不斷提醒你如何正向思考，而是透過許多分析與探討，讓你看待世界與自己的眼光，變為更為彈性，能夠看見糟糕的自己，也願意發現可愛的自己。這本書，根本是教你如何讓人生變得更為幸福的指南呀！

讓我們一起學習，對自己寬容，放過自己吧！

前言

即使並非萬人迷，我也能喜歡我自己嗎？

我曾有很長一段時間，認為要在「自我」這個容器中填滿什麼樣的「內容」是一大難題。我也相信，如果用更為耀眼的東西將這個容器裝滿，總有一天會變得更幸福。然而，不論在容器中裝進了再好的東西，我都沒辦法開心起來。問題並不在於容器中所裝的「內容」，而是在於我看待自己的「態度」。

一項研究結果顯示，為了增強自尊心而不斷複誦「我是一個有魅力又可愛的人」這類自我肯定的話語，反而將有損於自尊。❶研究人員將受測者分為兩組，對著其中一組重複說「我是一個值得被愛的人」大約十六次，另一組則不給予任何暗示，然後針對這兩組受測者進行情緒及自尊心測試，出乎意料地產生與一般人認知正好相反的結果。相較於沒有聽到任何暗示的人，那些反覆聽到正面話語的人，其情緒與自尊心並沒有太大的變化，甚至反而出現下滑的情形；尤其是原本就比較自卑的人，這種結果更為明顯。

因此，愈是不斷假裝相信「我是一個有魅力又可愛的人」這種讓人無法真正相信的話，反而會讓人在心中升起一股「不，我明明不值得被愛。我根本就沒那麼好……」的駁斥想法，最後得出令人沮喪的結論：「我果然是個不夠格的人。」

也就是說，試圖以「我很棒！」這種話來增強自尊心，往往會產生盲點。這會讓人儘可能美化自己的內涵，讓自己表面上看起來很不錯。但人生在世，總會遇到無法盡如人意的時刻；如果在某個瞬間，突然得面對自己並不出色的事實，自認優秀所產生的自尊心就會崩潰而化為烏有。

而且在遇到這種情況時，我們往往會對自己說出一些嚴苛的話，例如「我就知道。嘿，我真是個白痴！」這些話我們對陷入困境的朋友說不出口，卻會毫不猶豫地加諸在自己身上。

為何我們對自己總是不抱一絲同情心？在我們既不夠出色、也不討人喜歡的時候，不，正是在這種時候，我們難道不能更照顧自己一點嗎？為什麼唯有在自己足夠出色的前提下，我們才會有條件地愛自己？難道不能在任何情況下，都當自己的好朋友嗎？

長期以來，心理學家一直在研究自尊心。到目前為止，所得出的最重要結論便是：如果不改變看待「我們自己」和「我們所處的生活環境」的態度，只是試圖增強自尊心，那麼效果將十分有限。研究指出，我們對待自己，要像善待那些陷入困境的人一樣，保持寬容和慈愛的態度（自我慈悲，self-compassion），或是不要自我批判（正念減壓，mindfulness），這些事更為重要。就個人而言也是如此，比起學習增強自尊心和幸福感，學會自我慈悲、不自我批判，能讓自己更加悠然自在。

本書將會針對自尊心（self-esteem）、自我慈悲（self-compassion）、不自我批判等貌似語意相近，但本質截然不同的概念進行更明確的說明，並論及實踐的方法。這也是本踏上個人探索之旅的書，希望本書能對所有想要善待自己的人們有所幫助。

目錄

02 從現在起別再自我批判

03 戰勝批判的練習

04 不假裝沒事也沒關係

05 支撐生命的，並非特別偉大的事

06 守住底線，會更幸福

01

為什麼
你總對自己
特別嚴格？

明明自尊心很強，為何還是感到不安？

請試著捫心自問一下：「我大致上算是一個不錯的人嗎？」雖然我不是沒有缺點，也經常犯錯，但是大致上應該算是一個不錯的人。「我有什麼明顯的優點嗎？」似乎有幾個。「我是一個有價值的人嗎？」這個問題雖然值得煩惱，但我應該不是個完全沒用處且毫無價值的人。「我是個值得他人敬愛的人嗎？」我擁有很愛我的好朋友，所以我想是吧！「我是個特別的存在嗎？」至少在某些方面，我認為自己是有個人魅力的。

所謂的自尊，誠如字面所言，就是自我尊重的感覺；也就是在以個人標準看待自己時，覺得自己似乎是個不錯的人或是不怎樣的人的感覺。有別於考試成績合格與否這類的客觀評價，自尊心的判斷標準及好壞與否，都是由自己決定的「主觀」評價。

所以心理學領域在測試自尊心時，會提出諸如「我是個有價值的存在嗎？」、「我有很多優點嗎？」、「我是值得被愛的人嗎？」這類整體而言關乎我們如何看待自己的

問題。❶

對於上述這些問題，我的回答大致都能說「是的」。或許有人會懷疑我是不是在說謊，但並非如此，我是真的對自己抱持肯定看法。

但即使如此，我還是時常覺得自己多有不足之處，並為此感到困擾。不管做什麼事，只要無法一直做得好就會陷入沮喪，好像非得更努力才行。雖然曾經遭遇過大大小小的失敗，但也不到像天塌下來般嚴重、難以彌補的程度。然而，我心裡仍然恐懼自己無法總是盡善盡美，也總執著於要把每件事情都做好。

我向來都覺得，要超過平均值是一件理所當然的事；若非如此，我的自尊心便無法容忍。一旦真的面臨失敗，比起失敗所造成的任何結果，我更無法接受自己失敗這件事本身。「就算別人都會犯錯或失敗，我也絕對不能那樣。」我曾希望自己無論是學業、事業及人際關係，都能像電視中的成功案例一般，人生中只充滿著豐功偉業。我認為自己的生命故事裡絕對不會有失敗，因為我絕對有那樣的資格。

我也很努力裝作不在意別人的看法，事實上卻非常在乎；心裡覺得亂糟糟的時候，也會為了不想在別人眼中顯得很可憐，或是失敗而貿然行動。我最大的期待就是讓別人對自己抱持好評。或許是因為如此，就算是完全沒興趣的事，只要能讓別人對我留下深刻的印象，我也想繼續做下去，藉此展現出「我就是這樣的人」，渴望贏得別人的讚美與認可。

我明明不是個自尊心低落的人，卻還是在許多不安和無法滿足的欲望中掙扎。我一方面認為自己是個優秀且有資格被愛的人，另一方面又害怕事實並非如此，總是處在不安之中。只要事情稍有不順利、無法好好維持關係，我就極度挫折，彷彿世界末日到來。一旦我自認的完美，以及未來也必須保持的完美出現裂痕，我就會心慌不已。

在挫折的深淵中，不斷有諸如「你沒有半件事做得好」、「你這個怪咖」、「就說了你做不到吧」這類負面字眼向我襲捲而來。這讓我對理應要提升自我，但卻無法處理好事情的自己大發脾氣。我不斷自我鞭策，甚至傷害自己，希望藉此守護自尊心及自己的形象。問題到底出在哪裡呢？

自尊心可能會擊垮我們

A是一個覺得自己有價值的人，而且一直以來都覺得自己表現得相當不錯。但奇怪的是，他還是經常感到不安。如果有人獲得比他更好的成果，他就會無緣無故地感到心裡不舒服，覺得自己不如人。雖然他在成長過程中獲得過無數的掌聲，但為了能持續受到稱讚，他依然不斷努力。偶爾得知看起來好像沒特別厲害的人也能獲得他人認可時，他就會覺得那個人只是運氣好，並不是真正有實力，甚至還會因此為自己抱屈。

B是一個從小就因為是兒子而在偏愛中成長的人。他認為女性就是為了協助男性而存在，所以他獲得女性的尊重也是理所當然的事。這樣的B後來有了喜歡的女性，他向女方告白了好幾次，但都被對方拒絕了。B認為女方拒絕他沒有別的理由，根本只是因為在乎金錢或資歷之類的條件。他認為女方原本就是個價值觀錯誤的人，因而氣憤地指責對方。

C是一個以自己的母校為傲的人。看見那些在職場上遇到的人，或是活躍於社會上的同學們，他就覺得自己的母校果然是最棒的。所以即使遇到其他學校畢業而有能力的人，他也不太能認同。

A、B、C這三個人是屬於自尊心偏高，還是偏低的人呢？根據大多數的研究結果，他們都是自尊心偏高的人。❷他們大致上都認為自己很有價值，而且理應受到尊重。

讓我們再進一步觀察這些人心態上的特徵。A是不斷將自己和身邊的人進行比較，充滿競爭意識的人。A為了不落後他人，總是處於戰鬥狀態；一旦自己無法獲得良好的成果，就會詆毀別人。

B是比起自我反省，更常將原因歸咎於外在環境的人。例如，當他被拒絕或遭遇失敗時，就會覺得是對方有毛病，或是那件事情本身太困難。而且，他還會去攻擊那些傷害到自己高度自尊心的人。

C是對於自己所屬團體抱持強大優越感的人。他認為自己的群體從各方面來說，都遠勝於其他群體。從這邊可看出他有「內團體偏誤（ingroup bias）」的傾向。

從俄亥俄州立大學（Ohio State University）以自尊心研究聞名的心理學家，珍妮佛・克洛克（Jennifer Crocker）的研究來看，這是自尊心強的人，比起自尊心弱的人更常使用的「維持」或「防衛」機制。❸當然，並並不是所有自尊心強的人都會展現出這種樣貌。有些自尊心強的人並不會一直和他人比較，而是會尊重身邊的人、不逃避責任，而且對不同群體也抱持著寬容的態度。

重要的是，雖然有人能以健康的方式維持高度的自尊心，但事實上也有人是採用不健康的方式。也就是說，高度的自尊心僅僅是追求自尊心得來的結果，維持自尊心的方式是否「健康」就很難說了。**也可能有自尊心強烈，但完全不健康，長期而言還可能有害於自己或他人的情形存在。**

因此克洛克等學者們認為，比起自尊心高低與否，「如何維持自尊心」這個問題對於我們的幸福和精神健康更為重要。❹然而令人遺憾的是，很多人會放任自尊心低落（自尊心低的人對可能做不好的事，往往傾向一開始就放棄去嘗試），或是任由自尊心高漲，用不健康的方式維持自尊心。

硬是勉強自己，難道不累嗎？

人們為什麼會用這種方式來維持或防衛自尊心呢？究其原因，在於不論自尊心是一種多麼主觀的判斷，為了維持「我是個優秀的人」這種想法，還是需要某種程度的客觀「證據」。❺然而，令人遺憾的是，這些證據並不是那麼容易就能找到，生活也總無法盡如人意。

沒有出眾的實力或才能，人際關係不順遂，健康狀況也不佳。沒有什麼稱得上感興趣的事，更未曾感受過生活中的樂趣。

如果處在這種情況下，能夠真正喜歡自己的人生和自己嗎？大概很難吧。當我們意識到現實愈來愈悲慘時，隨之而來的是巨大的痛苦。因此每逢此時，事實上愈是在這種情況下，我們愈會想好好認識自己，也就是希望能抱持肯定的自我意識。我們會本能地去尋找足以做為自尊心後盾的證據。❻

萬一沒有證據的話，只要去製造證據就行了。方法之一就是「這都是因為〇〇」，去埋怨自己之外的他人或是外部因素。藉此，就能將思維模式轉換成：我原本是個不錯的人，但是因為外界的阻礙，才會暫時過得不如意。

還有一種方法是強調自己過去很有人氣、就讀過明星學校，或是以前家境很不錯等等。這樣一來，自我的本質就不會處於寒酸的現實中，而是活在光榮的過去裡，用這樣的想法來提升自尊心。❼

再者，是尋找比自己處境更差的人，想著「比起那個人，我好多了❽」；或是仗勢欺負位階低於自己的人，好獲得「權力感」。至於去找尋他人缺點，然後大肆批評的詆毀行為，也是一種「至少不是只有我沒出息」的自我安慰法，或是藉由「能批評沒出息的人代表我很優秀」這種想法，來獲得道德優越感、提升自尊心。

如同前述，我們在任何情況下，都想要讓自己覺得自己是不錯的人，並為了尋找理由而心神不寧。由於維持和防衛自尊心攸關我們幸福與否，因此，沒有什麼經驗會比自尊心崩潰更令人感到痛苦。**由此看來，對大多數的人來說，守護自尊心近乎是一種本**

能，也是沉重的負擔。

完美近乎奢求，為何我們仍想追求？

由於維護自尊相當困難，所以人們往往會努力不讓自己所追求的自尊與現實生活背道而馳。也就是說，我們會努力讓自己成為值得被愛的人，因為這是一種能健康且輕鬆維持自尊心的方法。

我從小就是個得失心很重的人。就算開開心心地和左鄰右舍的小朋友玩捉迷藏，但只要連續當鬼，我就會耍脾氣並鬧彆扭說「我不玩了」。學生時代也因為討厭輸的感覺，而拼命地用功讀書（當然和身邊的大人不斷煽動也有關係），甚至還苦惱著要怎樣才能讓功課比我好的人成績下滑。

長大成人之後，我依然很討厭輸給別人。基於興趣而開始玩的桌遊，我也只想玩自己會贏的類型；如果輸了幾次，就會馬上失去興致。我就一直這樣只用自己擅長的事累積勝利的經驗。

事實上，許多人為了讓自己能喜歡自己，會努力想成為既優秀又特別的人。他們認為把每一件事都做好非常重要，而且無法容忍失敗。例如，我們常會看到有人自我批判道「我連這個都不好，根本是白痴」、「這次又拿不出好成果了，我真是個沒用的遜迦」。

當然，如果能做好每件事就太棒了；但如果做不到或是失敗了，難道真的那麼事關重大嗎？如果已經百分之九十九都被認為「做得很好」，那麼剩下那一點做不好的部分，勢必會造成相當大的打擊。然而現實生活中，我們對於「做得好」的標準，往往比想像中高。不只是成績和工作能力，包括運動能力、個性等等，最少都要「高於某個平均值」，才會覺得自己做得不錯。甚至要遠超於平均值，進到前百分之十之內，才會覺得自己表現得很好。到了最後，不只我們自己，包括大多數人，其實都無法落在「做得好」的標準之內。

特別是，在所有領域中都達到平均以上的機率，近乎不可能。在某個領域中達到平均以上的機率是0．5。但隨著領域增加到一個、兩個、三個……十個，到一百個以上，全都達到平均以上的機率是$0.5^{2}=0.25$、$0.5^{3}=0.125$、$0.5^{10}=0.000977$、$0.5^{100}=0.000000000000$……趨近於零。簡單地只丟十次硬幣時，硬幣的正反面出現的機率看似各為0．5，但硬幣「全都為正面」的機率為0.00098，可說相當低，機率最高的則是正反面各半的情況。

如此看來，將所有的事情都做到完美，原本就是不可能的任務；然而我們一旦有某件事沒做好，就會覺得難以接受，這豈不是很奇怪嗎？

此外，人類自我評價的重要基準之一，就是「比較」。不管出於自願於否，我們總會透過不斷與他人比較，來掌握自己的地位，因為人類是一種社會動物。❾如果能夠只追求符合自己的標準，不管別人是十分還是一百分，那就太好了。然而，這對我們來說太過困難。

因為人類是透過比較來確認自己的價值，只要看著那些向前奔跑的人，自己也會不斷向前奔跑，只為達到和他們相同水準，或是超越他們。在這場比賽中，就算只是暫時停下來，都會馬上被淘汰；惟有鞭策自己加快速度，才能稍微感受到「我做得很好」的感覺。為了獲得「客觀性卓越」的證據，就必須經歷這種超越極限的競賽。

在追求卓越的過程中，若是自己認為自己還不錯的標準，比周遭他人認為不錯的人該有的標準低的話，我們既有的自我認知就會深受傷害，也會對自己感到失望和挫折。

為了獲得至高的自尊心，而試圖達到「客觀性卓越」的標準，是很困難的。所以珍妮佛・克洛克（Jennifer Crocker）認為人在追求及維持自尊心時，會付出許多的「代價」。也就是說，以不健康的方式追求自尊心（詆毀他人、推卸責任、不嘗試沒勝算的事等等）固然是個問題；**但為了成為真正不錯的人而持續努力，這種看似「健康」的自尊心追求法也會讓生活感到疲憊。**

從現在起，讓我們拋棄自尊心的神話

我們往往會忽視一個事實：自然獲得高自尊心和追求高自尊心是兩回事。此外，數項關於追求高自尊心需要付出代價的研究，並未廣為人知。

我們時常認為所有事情都是自尊心的問題，好像只要擁有強大的自尊心，就能解決所有問題，將自尊心當成一種萬靈丹。例如：遇到的不幸、不順遂的人際關係、難看的業績等，在各式各樣的生活領域裡，自尊心都被視為治百病的良方。如果在生活中因為發生某些問題而導致痛苦的話，解決問題的方法，應該是做出合理的決定。然而，在遇到這種情況時，我們卻往往會以「這是自尊心低落造成的。只要提升自尊心，問題就會解決」的方式來自我安慰。

不管是經濟不夠寬裕、付出的努力和結果不成正比、因他人而受傷、因為周遭的人對自己寄予過度期望等因素而感到難受，最終還是只會歸咎於「自己本身的自尊心問題」。但是真的只要恢復自尊心就行了嗎？

在心理學研究蓬勃發展的美國，「自尊心萬能主義」已經風行社會許久。在美國社會的各個角落中，試圖透過提升自尊心來改善生活品質的情況處處可見。但佛羅里達州立大學（Florida State University）的心理學家羅伊・鮑麥斯特（Roy Baumeister）和杜克大學（Duke University）的心理學家馬克・利瑞（Mark Leary）等知名學者們，在進行二十多年的提升自尊心處方之成效研究後，卻得出了「沒什麼效果」的結論。[10][11]

諸如幫助低收入戶自立、引導不良少年改過，或是對學生們說「你們都是天生贏家」，努力阻止人們面對可能傷害到自尊心的現實等等，這些提升自尊心的處方，並沒有得到期望的成果。也就是說，光是憑藉想像自己是多麼有價值的人來達到自我滿足，並不會讓自己順利找到工作，或讓自己更加勤奮工作，也無法降低個人的攻擊性、衝動性與追求風險的傾向等，也不會讓成績因此變好。

馬克・利瑞指出，與其將自尊心視為創造出良好人際關係或良好結果的「原因」，不如將它視為一種顯示人生在某種程度上運作良好的儀表板，或是「結果」。此外，馬克・利瑞也認為，自尊心低落除了會導致意志消沉，很少會導致任何其他問題行為。[12]也就是說，我們所羨慕的那些高自尊心擁有者，並不是因為有著強大的自尊心，才能過著令人稱羨的生活；而是因為他們的生活在某種程度上已經相當不錯，所以才擁有高自尊心。**並非拜高自尊心所賜，才能擁有高收入或良好人際關係，而是因為原本已經獲得大大小小的成功、良好的人際關係，才擁有高自尊心（這種結果），以這樣的情況居多。**

所以，與其說自尊心是創造理想人生的「原因」，更接近於理想人生的一個結果或跡象。我是否自我感覺良好（擁有高自尊心），和我是否真正是個不錯的人，是兩件截然不同的事。也就是說，我突然覺得自己很棒，並不代表我已經真正成為一個不錯的人。

但自尊心是萬靈丹的神話還是深植人心。因為社會上一直強調自尊心的重要，好像自尊心低落是很不可取的。大家都說只要提升自尊心事情就會變好，所以如果做不到，我們就會對自己感到心寒，而且不能被人發現自己自尊心低落。不管自尊心低落或無法提升，都好像是我們自己的錯，會讓人莫名感到羞愧。在某種程度上自尊心偏高的人，也會覺得不管在什麼情況下，都不容許自己的自尊心降低。這是一種對於高自尊心的強迫心理。

當然，高自尊心仍然還是有很多優點，所以若是能擁有高自尊心也不錯。不過一如前述，自然擁有高自尊心和硬是追求高自尊心，完全是兩回事。

例如，已經充分了解人生意義的人是非常幸福的，但是硬要追求人生意義的人，反而比較難感受到人生的意義。⓭幸福也是如此。感到幸福是很好的事，但如果覺得一定要時時刻刻感到幸福、無論如何都要幸福，而硬是追求幸福的話，這樣的人反而會擁有較低的幸福感。⓮

那麼我們應該怎麼做呢？

什麼時候你才會停止自我評判？

透過這些事實，我更明確了解到自己曾經感到痛苦的理由。直到目前為止，讓我痛苦的並不是自尊心高低於否，而是為了提升自尊心而努力、害怕自尊心降低而拼命、為了維持出眾和特別而掙扎等等，這些追求高自尊心的過程過於辛苦。**「我」的存在與「我的形象」其實是兩碼子事，我卻為了維護「我的形象」而浪費了太多時間。**

在過去，我認為主要存在於腦海中的「我的形象」，比起實際上會有感受、會思考且行動的「我」更為重要。雖然形象受損，與自己本身的存在受到傷害，明顯是完全不同的事，但我卻將它們視為一體。我認為如果抽象的自我價值觀、自我形象受損，可能會導致實際的自我破碎一地，或被壓得喘不過氣，並為此害怕不已。我曾為了讓自己（的形象）在自己眼中看起來更好而活著，就像是活在他人眼光下一樣。

我明明是愛自己的，但卻用錯了方式。我就像是希望孩子只經歷好的事情，所以放在溫室裡小心呵護，卻導致孩子無法適應現實生活的父母，期望自尊心在溫室中不受到一點傷害，結果卻塑造出只要受到一點小傷，就會彷彿天崩地裂般的軟弱自我。

瞭解到這點之後，接下來該怎麼做呢？就算停止追求自尊心，問題好像也不會因此解決。但如果繼續糾結於自尊心，那就又太痛苦了。

只要知道問題的原因，就能找出解決方法。總結來說，解決的關鍵就在於要找到追求高自尊心所需要的「證據」，無論它真假於否。也就是說，要找出支持「我很棒、我很特別、我有資格被愛」這些想法（無論是自己將其合理化，還是事實）的「證據」。

一如前述，證據之所以必要，是因為自尊心基本上是一個「評價」系統。無論是多麼主觀的評價，其中也必然會存在許多「基準」。因此只要稍微偏離那些基準，自尊心就會驟降，令人感受到挫折。

如果自尊心評價系統是問題的根源所在，那麼完全不進行評價會怎麼樣呢？如果能稍微擺脫「我很棒／我很糟」這樣的評價或判斷，或者脫離「孰好孰壞」、「孰優孰劣」這樣兩極化的評價，建立更多元化的標準的話呢？

的確有一個方法可以擺脫對自己的「評價」。**首先，要捨棄自我評價的心態，轉而成為自我的支持者。**我們要停止讓自己變成自我評價的糾察，停止追問自己當時為什麼那樣做、指責自己就是因為那樣才做不到等行動。我們要將對待朋友的溫暖視線也投向自己，並用對待朋友般的親切舉動來對待自己，放下緊盯自己一舉一動的計分表，在自己感到疲憊時給予安慰、開心時一同分享等；在人生這場長途賽跑中，我們要成為自己一起向前邁進的隊友。

此外，我們還需要有些務實的標準，而不光只有「我很棒、我很特別、我有被愛的資格」這些多少有些不切實際的標準，而是要知道自己「沒那麼棒也沒關係、沒那麼特別也沒關係、受人喜愛並非理所當然」。

這種態度被稱為「自我寬容」或「自我慈悲」（self-compassion）。⓯心理學家克莉絲汀．聶夫（Kristin Neff）和馬克．利瑞等人在經過眾多研究後發現，對自己抱持寬容態度的人，比起其他人更幸福，所承受的壓力也更少。他們即使遭受挫折也能很快克服，失敗時也不會逃避責任，而且較少出現防衛行動等，能夠維持健康的生活態度。以結果而言，算是具備更「健康」自尊心的一方。也就是說，比起人為提升自尊心，不如檢視一下自己對自身的態度，這樣更能提升生活品質，而且能自然得到健康且堅定不移的自尊心。

為什麼你總對自己特別嚴格？

當你所愛的朋友或家人感到疲憊時，你會對他們說些什麼呢？首先會安撫他感到無力又低落的心情，並給他力量，讓他可以重新振作起來吧。比起積極幫助他解決問題，先撫平傷口才是第一要務。正是因為知道這一點，我們才會對處於苦惱中的朋友說出「你真的辛苦了。我也覺得很不好受，有什麼我可以幫得上忙的嗎？」這類溫暖的話。

我們並不會對朋友說出像是「我就知道會這樣！你為什麼會那麼做？你就是因為這

樣才不行，你的人生完蛋了！」之類的惡毒話語。因為這只會讓對方感到痛苦，對解決問題也沒有任何幫助。

由此可以看出，我們總會對別人抱持相當溫柔的態度。但奇怪的是，唯獨對自己，我們時常很殘忍。「你又失敗了？你（我）這樣實在太丟臉了。你真是無可救藥。你的人生已經亂七八糟了。」等等，我們總將這些殘忍的話加諸在自己身上。

這是因為我們為了追求高自尊一味鞭策自己，不管自己的內心是否受傷，只要做出一點有損自尊心的事（達不到自我要求標準的事），就會徹底懲罰自己。這就像是將本應好好對待的「真正自我」，視為奉自尊心為聖旨的奴隸。

心理學家克莉絲汀・聶夫指出，若要做到對自我寬容，必須要對自己抱持著親切的態度。這是自我寬容的三大要素中的第一項。

不妨放下奉自我為圭臬的生活態度，如同對待他人一般，也給自己同等的人性化待遇，試著用溫柔的眼光看待自己。我們必須認知到，像呼吸空氣一般不停自我批判，其實是有害且必須加以制止的。

此外，真正的慈愛並不是做得好就喜歡、做不好就討厭的這種有條件的愛。我們不會因為自己所珍視的朋友很會賺錢，或功成名就而更喜歡對方；如果對方做不到那樣，我們也不會因此討厭他們。但是我們卻會用做得好就喜歡、做不好就討厭這種有條件的愛來對待自己。但是，所謂用溫柔的眼光看待自己，指的是在自己做得不夠好的時候也一樣愛自己，給予自己無條件的愛。

如同當自己處於艱難的處境時，看看周遭的人是如何對待自己，就能知道誰是真正的朋友一樣；當你感到疲憊時，檢視一下你是如何對待自己，就能知道自己對自己來說到底是益友，還是怪物般的損友。對自己而言，我是怎麼樣的存在呢？

我總覺得自己最不幸

經歷痛苦的時候，我們往往會認為在這個世界上，似乎只有自己的人生過得一塌糊塗。還會覺得「為什麼這樣的事情會發生在我身上！」而感到十分委屈。不過，難道真有「為什麼不是我」（Why not me）的理由嗎？這種理由等根本不存在。

沒有任何人是十全十美，每個人都活得飽受煎熬。即使外表看起光鮮亮麗的人，實際上也可能生活在各種痛苦和憂慮之中。**對每個人而言，人生都是困難重重；即使有些人的人生看似輕鬆，實際上也沒有真正輕鬆的人生**。所以你不必埋怨和感到挫折，抱怨只有自己的生活一團糟，也不用認為只有自己才會遇到這樣的事情。

克莉絲汀．聶夫認為自我寬容的第二大要素，就是對普遍人性的頓悟。這是指能夠承認身而為人，就會有其限制與不足，與其沒來由地亂發脾氣、怨天尤人，不如承認自己的不足，維持溫柔的眼光。同時，要能接受不只有自己會遇上困難，別人也是一樣，我們要持續支持自己，為自己加油打氣。

另一方面，在感到難受時，我們往往會認為「因爲這樣的事就感到痛苦，我實在太不中用了」、「我討厭因爲這樣的事就受挫／感到悲傷／感到疏離／生氣的自己」，不停自我指責。明明已經很難受，再加上愧疚感，便會使我們的心情更加低落。

克里斯汀・聶夫談到自我寬容的第三個要素，就是正念和不批判的態度。**不妨停止對自己的批判，靜靜地觀察自己。**如果「現在覺得很難受」，就原原本本地接受自己的原貌吧。

另外，不管自己為了什麼原因而難受，都不要去批判那件事本身。孤獨、在意別人的眼光、罪惡感、羞愧等，不論理由為何，都只須靜靜地觀察就好。

內心動盪不安自有其「理由」。這些會動搖我們情感的存在，現在何以會喚起我們的情感，對我們的人生來說多半具有相當重要的意義，或者至少代表我們相當重視那件事。有時候，情感會對我們發出訊號，告訴我們「你太累了，該休息一下了」。諸如疲憊、厭倦，無力感、悲傷等感情就是如此。

不要因爲產生了厭倦的情緒，就感到厭惡，或是討厭抱持這種感覺的自己。先檢視自己的內心想訴說什麼，好好感受當下的自己為何如此反應。如同對待自己陷入困境的朋友，沒有必要對他說「別太誇張，這些情緒都是虛假、沒有必要的，不要變得這麼脆弱。」我們也不用這樣對待自己。

然而，當人們想要接受自己的感情時，往往容易掉入一種陷阱。那就是過度誇大情感，或是縮小解讀。仔細想想，我們有時會對那些不需要倍感挫折的事情大驚小怪，只不過是某件事沒做好，卻覺得人生好像完蛋了一樣。相反地，有時候也會因為不願承認自己受到偌大衝擊，而繼續裝得若無其事。這兩種情形都需要加以警惕。

02

從現在起
別再
自我批判

「每個人都與眾不同」是一種錯覺

乍看之下，「接受自己的不足」似乎是理所當然的事。然而，人類對於出類拔萃的執著，遠超乎我們的想像。例如，許多人都會有一種錯覺，那就是認為在大多數領域，自己至少都會達到「平均」水準。然而一如前述，這其實是不可能的事。

在美國某所大學所進行的調查中，有大約七成的教授認為，自己的教學能力應屬前百分之二十五，且有九成以上的教授回答，自己至少有達到平均水準。❶而在另一項調查中，有大約八成的司機認為，即使自己邊開車邊發訊息或郵件，他們的駕駛實力仍然在平均值以上。❷

如果試著詢問上班族認為自己的工作能力如何，有大約九成的受訪者會回答自己至少是平均水準。❸不僅如此，幾乎所有人都認為，就算其他人可能抱持各種偏見，但自己並非如此，而是有著更開放的態度。❹

而對於離婚、交通事故和破產這類倒楣的事，多數的人也神奇地認為，這些事情雖然有可能發生在其他人身上，但發生在自己身上的機率應該很低。[5]

在誠實、正直等「性格特質」方面，幾乎所有人都會表示「我至少是平均水準」。當要求受訪者針對人類四十個重要性格特質進行自我評分時，大部分人約有三十八個項目的評分，都在中等以上。[6]

這種稱為「優於平均效應」（above-average effect）或「虛幻優越感」（illusory superiority）的現象，在世界上許多國家都得到廣泛認可。就連寫著這篇文章的我，也認為「我在各個領域，不是都有到達平均值嗎？」即使我不曾學過開車，也會覺得只要去學，似乎就會達到平均水準之上。

就像這樣，幾乎每個人都會認為自己至少高於平均水準；但令人遺憾的是，這根本是天方夜譚。每件事情都超乎平均值，本身就是不可能的事。總之，從大部分人都認為自己優於他人的想法來看，似乎就能瞭解到，人們是多麼地執著於相對優勢和優越感。我們為了獲得優越感，感受到自己高人一等，常會不經意地去貶低另外百分之五十的人。

自認為與眾不同的想法也是一樣。我對自己的看法，是由許多的感覺、想法和經驗所組成，乍看之下，我似乎比大部分看似毫無想法的其他人更特別。然而，真的是如此嗎？

我們總認為自己的存在無法只用幾個特性來定義，是非常特殊而有深度的；但卻會認為，其他人是只要透過幾句話或行動就能夠掌握的單純存在。我們總認為自己是具有多個面向的個體，時而活潑、時而安靜、時而充滿激情、時而意志消沉、時而愁思百結、時而無憂無慮，同時具有相異的特性卻又能互相調和而不產生矛盾。相反地，我們卻會認為其他人不是這種人就是那種人，是相當單一面向的個體。❼

所以每個人都會對他人產生一種想法，那就是「像我這樣複雜且深奧的人，是你很難瞭解的，但我卻很懂你」。基本上，這種現象是因為我們能夠充分體驗的，只有自己的內在；而對於其他人的內心世界，我們只能依靠少數幾個線索來推測，連微不足道的小事都無法親身經歷。如果我們能夠走進某人的內心，體驗對方的所有記憶、想法、感受等，應該會吃驚地發現：「我以為他是個毫無想法的草包，但原來不是這樣啊。」也就是說，基於這些只有我自己才知道的經驗，我才會覺得自己與眾不同；但事實上，並非只有我才是有深度又特別的人。

當我們能認知到人不可能十全十美，也並非所有事都能出類拔萃；就算做不到也沒關係，這樣反而比較自然的時候，就是我們懂得謙虛自持，踏出自我寬容的第一步。如果你不放棄對特殊性和優越感的幻想與執著，無論你的自尊心有多強，一輩子都很難脫離比較與挫折的泥淖。此外，如果自認為與眾不同、覺得只有自己能出類拔萃，因而費盡心思拼命向上爬，最後往往會發現自己停留在原地。

除了這種對特殊性與優越感的不切實際，如果透過獲取這些感受來維持自尊，還可能會導致精神狀態不健康，付出相當大的「成本」。特別是在遭遇失敗之後，如果依然奉「我是個出眾又特別的人」的形象為鐵律，就可能會為了否認自己曾經失敗的事實，而逃避自己應盡的責任，或是詆毀他人，藉由各種藉口和合理化來彌補理想與現實之間的差距。

另一方面，也有學者會以這種自我防衛的姿態來暗喻極權主義的獨裁政府。❽在這種國家中似乎只會發生好的事情，所有的一切都會以非常美好的模樣廣為傳播，被扭曲為歷史或國家的榮耀；而現實中存在的問題，則會被用各式各樣的手段合理化，或是打從一開始就被掩蓋。這些情形，在某方面與人類的自我防衛機制豈不是很類似嗎？

人生原本就是件難事

那些高估自己的人往往無法善待自己。例如，當他們在某幾項考試中達不到合格標準時，就會嚴厲地自我批判；甚至還會認為自己不夠努力，對自己感到心寒。

這樣的人通常都會不斷地逼迫壓榨自己。即使只是以正常睡眠時間睡了到八小時，也會覺得很有罪惡感；或者是在自己想休息的心情勝過想做事的心情時，就覺得自己很懶散，而開始自我鞭策；就算已經唸書或工作了一整天，卻覺得是理所當然，不希望自己的努力為人所知。

這就是所謂的「自我批評型完美主義者」（self-critical perfectionist），會像這樣習慣性壓榨和鞭策自己的人，比起其他人更容易感到憂鬱和不安，甚至還有許多人會有自殺傾向。❾這些會自我鞭策的人在表面上或許看起來很有魅力，但內心往往充滿創傷，甚至還會把自己逼無路可退。

我也曾經對自己抱持過高的期待，責怪自己為什麼不能像別人一樣，躋身那前百分之十。但事實上，身處後百分之九十有任何錯嗎？既然有百分之九十的人都會失敗，你怎麼有可能不失敗呢？

就像氣球吹得愈大，愈容易被針戳破；對自我的期待愈高，也愈容易因為小小的失敗而爆裂開來。而且一旦爆裂之後，就會開始討厭自己。相反地，平常就不會背負過大期待的人，即使遭遇失敗也不會大爆發，反而會覺得，像自己這麼平凡的人，能夠做到這個程度已經相當不錯了。

懂得自我寬容的人，每當遭逢困境或感到挫折時，就會以「這真是一件很困難的事，就算努力也不容易做到，我已經盡力了。這件事對我來說很重要，我也很想把它做好，所以感到沮喪也是理所當然。畢竟我辛苦了很長一段時間」這樣的想法客觀看待現實，並如實地接受挫折。

失敗並不絕對就是自己的錯，所以也沒有必要為自己辯護。❿因為我們原本就知道，困難的事情是不可能輕易地就完成的。假設我們的等級和一般人一樣是十，一旦接到一個等級九十九的任務時，會失敗也是理所當然。

因此，讓我們停止「這麼簡單的事情也做不到，還敢說自己很辛苦」這種不切實際的想法。**雖然是老生常談，但人生原本就不是件容易的事**。

我也是在意識到這個事實後，才對事情成敗與否稍微有了不同的看法。而且腦海中也經常浮現下面這段話。

即使每個人都很認真，也都用心想把事情做好，有些事情總還是伴隨著失拜。如果自己獲選，就會有其他人落選；相反地，如果有其他人獲選，自己落選也是莫可奈何。

這確實會令人感到難過。在我們情緒尚未平復時，可以盡情地發洩一下。但請記住：事實上，每個人可能都會失敗過一兩次，甚至是很多次。沒有人有理由可以永遠不失敗。如果認為自己能夠無條件地飛黃騰達，這就是一種輕忽人生的傲慢思維。人生本就相當艱難，會失敗也是理所當然的！還請記住：不論失敗、成功和有多努力，這些過程中所經歷到的感受，全都是屬於自己的。

不妨試著不要一再追趕

我曾經一度覺得自己真的很懶惰，所以不斷地逼迫自己。我認為在這個競爭激烈的世界，應該要更努力、更為了生活奔忙才是，為什麼自己卻這麼懶散？我對這樣的自己感到心寒。這種感覺，即使在我已經十分努力過活時也不曾消失。如果我每天工作十個小時，就會想到「有些人每天工作十五個小時，我還差得遠呢」；而當我連續兩天熬夜加班時，就會想到「一整個禮拜都在加班的大有人在！」因而無法擺脫認為自己懶惰的壓力。

但當我離開韓國之後，生活的情況開始有所改變。在美國，許多人在下午四、五點就下班，六點左右就吃晚餐，然後與家人共度休閒時光，或是看看書等。他們認為，將時間花在自己和珍愛的人身上，是理所當然且有價值的事。看到這些認為一個禮拜只要工作五天，就已經足夠努力的人，我逐漸體會到：拼命工作，並非唯一的生活方式。

我有位好朋友，一邊在韓國的公司上班，還一邊念研究所，即使如次他還是覺得自己過於怠惰，因為還有很多人比自己更努力活著。但這豈不是因為，韓國是世界上最過勞的國家，是一個將自己推向極限，並將此視此為常態的國家嗎？也許在韓國被認為相當懶惰的人，以世界水準來看已經非常勤奮了。

在韓國社會，並非看起來閒閒沒事做才叫懶惰，而是在一整天的時間中，如果沒有百分之百投入於工作，就會被視為懶惰。即使生活已經忙得不可開交，幾乎達到極限，但如果不是全天都在工作，就可能會陷入自責或遭到他人批評。或許正因如此，我們才需要那些「懶惰者」的存在，扭轉這種將忙碌視為正常的情形吧。

過去我一直以被人追趕的心情，責怪自己過於懶散，但如今我已不再有這種感覺。現在我會認為，以我自己的標準看來，這樣的程度已經夠努力了；而即使我不夠努力，那也沒有什麼關係。「反正一天二十四小時的時間不會停止，我也還活得好好的！」

在以前，偶爾會有人對我說「你真是勤奮」，我每次都會急忙擺擺手說這沒什麼。然而，這種反應其實也是在將自己的努力視為理所當然、加以貶抑，並將忙碌合理化的做法。因此，我現在已經不再否定自己，而是努力去認同自己的辛勞。

此外，由於我們的精力有限，不喜歡工作也是理所當然的，不是嗎？羅伊・鮑邁斯特（Roy Baumeister）等心理學家認為，如同節約用水和用電一般，人體也有一種保存有限肉體和精神能量的系統。⓫除了少數像勁量電池般活力充沛的人（energizer）之外，大部分人在某種程度上都會採取「節能模式」來生活，一旦能量耗盡，就會發出諸如「真疲倦」、「累壞了」、「真厭煩」的警示。這是在告訴自己：現在身體的能量只剩下不到百分之十了，如果還想活下去，就趕緊休息吧。

《健康心理學雜誌》（Journal of Health Psychology）的一項研究發現，懶惰的人可能比勤勞的人更有想法，而且更聰明。⓬俗話說，腦袋如果不好，身體也會跟著受累，或許人類是為了儘可能不動才變得更聰明也說不定。懶惰可能是一種上天賜予的禮物，讓我們得以巧妙地運用有限的精力。如果能相信自己並不是懶惰，只是比較聰明而已，似乎也不賴。

總會有徒勞無功的事

有些人會以完全無法操之在我的外在價值來自我批判，對自己採取不友善的態度。這些人往往認為只有偉大的成就才是人生的全部，對此感到挫折，並急於得出「我的人生毀了，我是個廢物」的結論。但是「成就」這種外在價值，究竟有多少可信度呢？這真的是一個好的人生指標嗎？

作家，同時也是美國紐約州雪城大學（Syracuse University）教授的喬治．桑德斯（George Saunders），在對畢業生致賀詞時曾指出，雖然有時成就看似是人生的全部，然而事實上，這並非用來判斷人生好壞的可信指標。⓭

諸如就業、升遷、結婚、財富等客觀性的成就，有時憑著不只是實力，還得加上運氣、周遭的協助、經濟情況等各種因素，就算哪天得到了成就，也可能在哪天就失去。

不久前營運狀況還看起來不錯的公司，也有可能突然倒閉；原本良好的關係，也可能突然惡化。以為自己正在走向康莊大道之際，也可能突然間罹患重病。相反地，以為自己徹底完蛋的時候，事情也可能突然否極泰來。

就像這樣，人生有許多無法盡如人意的事，也有許多自己無法掌控的事。**換句話說，事情成敗與否，很多時候並非操之在我。**

樹木在春天萌芽，夏天長出綠葉；到了秋天樹葉就會變色，並在冬天來臨時全部落盡。雖然會在一年內變換成數種不同模樣，但樹木做為樹木的事實並沒有改變。想像一下，如果這棵樹對自己說：「我這次還是沒能阻止季節變換！我的樹葉又掉光了。我真是棵沒用的樹！」然後搥胸頓足、沮喪不已，最後倒掉了。你會對這棵樹說什麼呢？應該會這樣告訴它吧：「大樹呀，這不是你的錯。光是每次開枝散葉，你就已經做得很棒了。」

我們會因為小小的失敗就持續感到挫折，並且不斷自責，恐怕是因為這樣做反而還比較輕鬆。認知到「人生有許多事情完全不是操之在我」，這件事本身就會讓我們感到不安。[14]所以人們並不想承認這個事實。

於是我們寧願把所有錯誤都怪在自己身上、自我批判，然後相信只要自己更努力，一切都會好轉。就像是愈是貧窮，就愈是怪罪自己，而不是去找出自己貧窮的原因，或是探究自己難以解決的龐大社會結構的不公正問題。[15]

紐約大學（New York University）心理學家約翰．喬斯特（John Jost）等人指出，比起其將原因歸咎於難以改變的龐大社會因素和環境因素，將問題的本質歸咎於自己本身這種想法，具備某種「安慰因素」。[16]**當面對龐大的問題時，與其怪罪問題本身，不如選擇自我批判，這樣比較能夠得到「只要我努力就好」這樣相對簡單的結論，藉此得到希望。**但即使如此，我們也無法改變自己無法掌控一切的事實。

世界上沒有恆久不變的事

海倫・凱勒（Helen Keller）在她的自傳中如此敘述：「看得見的東西總有一天會消失，但看不見的東西卻是永恆的。」[17]這顯示出她並不會因不知何時會消失的東西感到驚慌失措，並且進一步展現出對自己的寬容。

美國主要新聞頻道之一，ABC新聞網的記者兼主播丹・哈里斯（Dan Harris），在他所寫的《快樂，多10%就足夠》（10% happier）一書中，曾經談及他自己的故事。[18]有一天，他看到了至今已經取得多項成就，但是仍固守高標準，不斷自我壓榨的自己。他只要看到表現比自己更好的主播，就會覺得非常沮喪，而且經常焦躁不安。「我應該要當晚間新聞主播，而不是晨間新聞主播；我應該播報政治及社會重大事件，而不是日常生活相關訊……」這些想法經常將他壓垮。

丹長期以來所沉湎的「成就」，在本質上是不穩定的。這些都不是天經地義的事，有時候也無關乎個人努力與否，而是全憑運氣；甚至昨天還掌握在手中的東西，今天就可能會突然消失。

丹在認清自己的模樣後，也意識到將幸福寄託在某些無法操之在我、不穩定的事情上，是多麼的愚蠢。他同時也了解到，實際上並沒有什麼永恆的「外在」幸福源泉。他說，這樣的頓悟成為了他人生的轉折點。

從成就的壓力中解脫後，丹了解到一個重要的事實，那就是：即使沒有達成什麼偉大的成就、沒有過發生什麼了不起的事，人還是可以過得很幸福。而且，我們所堅持的自我形象或印象，事實上並不存在，僅僅是幻象而已。於是他決定放棄這種幻象，並找出能讓活在此刻的自己最快樂的事。

丹曾經以為，唯有成為晚間新聞主播才算是功成名就，而且唯有如此才能讓自己變得幸福；不過如今，他也能從播報晨間新聞中找到樂趣和意義。能與幾位主持人一起輕鬆對話的的模式，讓他覺得很滿意；有別於晚間新聞總是充滿了嚴肅的的事件，播報有關糕餅大賽、全世界最可愛的小狗等各種全球趣聞，也能讓他的內心洋溢不同的喜悅。丹終於擺脫了於成就「某件事」的執著，而是開始尋找「如何」生活的解答。

他了解到，世界上原本就沒有所謂的安定（security），所以也沒理由對不安定（insecure）感到畏懼。許多宗教中也反覆出現這種教誨。[19]如果我們能夠如實地接受不安定，就不會再執著於千變萬化的事物。將無法操之在我、不斷變化的東西當成幸福的基準，然後每天嚷嚷著自己很不幸，其實是一種矛盾的現象。

將人生準則丟進垃圾桶

有些人常會說「我這麼做是擔心你」，或是認為自己的想法理所當然正確，然後就像是教練一樣拼命對別人下指導棋。我身邊也有很多這樣的人。「畢了業，當然就要去唸研究所或找工作」、「上了研究所，讀完碩士就應該繼續唸博士才對」「接著應該要○○，再繼續○○」。這些話不停地在我耳邊迴響。於是不知不覺地，我想著「沒錯，我應該要那麼做才對。但我真的其實不太想這樣耶。是我太奇怪了嗎？」內心也變得惶恐不安。

我當時以為是因為自己能力不足，或是人生出了什麼問題，所以才會感到不安。然而，當我遠離韓國、到其他文化圈生活過後，我才瞭解事實並非如此。到了國外之後，我體驗到了生活的多樣化層面，其中有位朋友曾這麼說到：「我上了大學之後，覺得似乎不太適合我，就立刻休學了。後來我想當口腔衛生師，但嘗試過後覺得還是不合適，就毅然決然放棄；前陣子我想成為一名幼稚園老師，但也失敗了。現在我正在做網頁設計，到目前為止覺得很適合我。」

他們歷經多次徬徨及失敗，卻抱持著「這有什麼大不了」的態度。他們表示，儘管過程辛苦又煎熬，但同時也很有趣。在某些社會當中，這樣的行為被視為失敗或缺乏耐心、不懂事，足以成為眾矢之的；但在其他社會中，可能真的只是芝麻綠豆般的小事。

我曾以為，唯有跟隨那些依循指定軌道努力向前邁進的人，在他們周圍亦步亦趨地前進，才是正途。並且對於無法配合這個軌道奔跑的自己感到自卑，認為問題都是出在自己身上。

然而，當我身邊不再圍繞著那些人，想法也隨之改變後，問題便迎刃而解。曾經一直認為是自己能力不足、做錯了事的我，不再有那種自責的想法，而且領悟到了一個事實，那就是問題不在我身上，而是在於與我個人意志無關、將我逼到無路可退的「人生準則」。

人會下意識受到社會中像呼吸般共享的「人生準則」感染。因此，根據你遇到什麼樣的人、接觸到哪種文化圈（固有的）的思考方式，有時會讓你對自己的生活感到不滿，有時則會感到非常滿意。因此，即使是經濟條件等外在環境相似的國家，人民的幸福感卻各自不同的理由就在於此。[20]

一個友人曾抱怨，原本健康又幸福的自己只要到了韓國，就會變成一個年紀大、沒結婚也沒錢、又胖又不會打扮的可憐人。這種置入了文化的人生準則，可以將一個人打造成非常優秀的人，也可以將他塑造成一個失敗者。

根據我們周圍哪種人比較多、身處哪種環境，我們的人生可能會被定義得很美好，也可能被定義得得很糟。這意味著，我們的不安與不幸的來源，並非在於自己的生活本身，而是取決於圍繞在我們身邊的瑣碎事物。**這代表人生準則亦然，只要放慢腳步就可能截然不同，過程中自己曾感受到的不安，也可能如雪融化般消逝無蹤。**我的不安，以及壓抑著我的人生準則，其實並不是無法憾動的。

另一方面，也有一些無法拋開束縛自己的標準、無論身處何種環境都總覺得自己很不幸的人。他們不會對自己取得的成就感到喜悅，總是持續追求無法達成的事，逼迫著自己。

有句話說，如果無法逃離內心的地獄，外在的蛻變毫無意義。無法釋放自己、受到不人道的標準束縛的人，無論身在何處、做任何事、獲得多麼崇高無比的地位，都會厭惡自己並陷入不幸。

我希望自己不要再過那樣的日子。與其汲汲營營地去追求千百種自己所沒有的東西，活得痛苦不堪，我更希望能用平等的眼光看待自己所擁有的一切，並為此感到喜悅。因為「我無法擁有的東西」、「必須擁有的東西」隨時都可能改變，但「我已經擁有的東西」是不會改變的。

我想掌握那些不變的事物，擁有不會動搖的幸福。**請記住：或許你的生活，比起你所感覺到或所想的更沒有問題。**

欠缺卓越的天賦就辦不到嗎？

電影《阿瑪迪斯》裡，實力已經廣受當代認同的宮廷樂師薩里耶利（Antonio Salieri），扮演了嫉妒擁有絕佳天賦的莫扎特的角色。雖然據說有違事實，但這部電影將薩里耶利描寫成一個沉浸於瑜亮情結的不幸者。「給了我欲望，就應該也給我才能啊」他這句知名臺詞充分展露出他對上天的怨恨。

很多人都對薩里耶利的痛苦感同身受，認為天賦才是王道，也常因為缺乏才能而自怨自艾。人們似乎真的相當執著於「第一」。然而在莫扎特那個天才輩出的時代，「第二」的頭銜其實已經非常了不起了。

天賦當然重要，如果沒有天才般的才能，在某些領域會有難以跨越的鴻溝也是事實。但有一件被忽略的事實是，大多數人並非生活在極度需要才能的環境裡。以職場生活為例，比起因缺乏天賦而覺得辛苦，更多人是因為人際關係、或是沒意義的工作而感到辛苦。因為「天賦的限制」而覺得辛苦的人，遠比想像中來得少。此外，因為必須傾盡百分之百的努力才能完成的工作也不多，因此也很難真的說是因為能力不足才導致失敗。

通常在職場生活中，比起遇到能力範圍不及的問題，遇到更多的往往是來自例行性工作的問題。諸如解決與愚蠢的老闆或客戶之間的事、對工作感到倦怠，或當經濟不景氣時要挺住不失去工作、不遲到或請假，每天按時上班等等。這些事情更加需要的是個性及精神上的強大力量，而非能力。

事實上在工作中，天賦所帶來的成果，與耐心或誠實等性格和態度因素所帶來的成果幾乎相同，後者甚至還有更佳的傾向。[21]當然，若目標是成為十萬人中選一的天才，那麼天賦可以發揮更重要的作用。然而，身為一位適應性社會人士，在整體成功方面，與生俱來的天賦並非是全部。

最近刊登在《美國國家科學院院刊》（PNAS）裡的一項研究，針對三百四十七名十五至十六歲的荷蘭學生、從一九七〇年到二〇一六年追蹤調查的一萬七千一百九十八名英國人（當時為十幾歲的一代）、從一九七九年追蹤調查至今的一萬二千六百八十六名美國人（當時十四歲至二十二歲）等各年齡層對象，調查其ＩＱ與學校成績、成人後的薪資、身體／心理健康、幸福感等的關連性。

結果顯示，在生活的整體成果，諸如薪資、教育水準、犯罪率（逮捕頻率）、身體健康、心理健康、幸福感、投票參與率等方面，性格比ＩＱ更有預測能力。[22]

一個有趣的事實是，在學校成績方面，性格也時也比ＩＱ呈現更高的相關性。以英國學生而言，拼音、語彙能力、數學能力和成績等項目，與性格的相關性比ＩＱ更高。

當然，獲得好成績不僅需要ＩＱ，還需要耐性、自制力、細心等等，這些甚至比ＩＱ更重要。也有研究顯示，性格之中誠實度高的人，在考試時比較不會毛毛躁躁，也會比較認真作答。[23]

成績與ＩＱ的關係是如此，而與成績相比，能力方面則更少被要求；在各種生活領域方面，我們往往更要求社會性或耐心、道德等性格因素，才能所扮演的角色不如我們所想的那麼重要。上述研究的研究人員也表示，ＩＱ過低的情況除外，在生活方面，ＩＱ很少成為巨大的絆腳石。

以我自己而言，與智力相比，似乎如煩人、散漫、無趣、擔憂、害羞等自制力與動機（motivation），以及社會性相關問題等更常成為我的絆腳石。即使我的ＩＱ再多個十到二十，如果我還是一樣煩人、一樣無趣、一樣不太合群，我的人生並不會有太大不同。

我想，如果我仍舊一味責怪自己欠缺才能，可能就會將「反正怎麼做都不行」的想法做為藉口，而什麼事都不肯做，只想為一點也不想改變的自己辯駁。因為沒有什麼比「反正怎麼做都不行」，連試都不用試的事更輕鬆了。

即使面臨人生谷底

幾年前，美國著名民謠搖滾樂團「Against Me!」的主唱勞拉·珍妮·葛莉絲（Laura Jane Grace）出櫃。事實上她是一位變性者。她在自己的著作《Tranny》中坦白，性別認同曾經是她人生中的最大障礙，但卻也在她一敗塗地的生活當中，成為推動她向前邁進的助力。[24]

葛莉絲的人生是找回性別認同的奮鬥史。她說，她無法停止尋找自己的本質，而就在這樣的奮鬥過程當中，她找到了「自我」。

如果試著去檢視人們在何時能感受到自己的生活充實而有意義，有一點可以確認的是：不只有非常幸福的那一瞬間，連同非常痛苦的時刻、和各種弱點與障礙奮鬥的時光都會包括在內。[25]

如此想來，在我的生活當中，與內心的痛苦或未解問題的奮戰，有時反而比幸福更能成為維持生活的原動力。**找到自己的真實面貌、解決自身長期忽視的情緒、解決一連串有關的問題等等，可說是人生最大的痛苦，但也是最大的喜悅與意義的源泉。**總有一天，這些過程會成就最真實的自我，在我的人生中留下重大的意義。

葛莉絲尋找性別認同的旅途之中，也伴隨著許多苦痛與快樂。因荷爾蒙而遽變的身體狀況、焦慮，因人際關係而來的挫折、解散樂團……。此外，還有第一次演唱自述歌曲的緊張與害怕、觀眾們一起加入歌唱時的喜悅……等等。

透過這樣的過程，她領悟到：自己的弱點，正是自己內心之中裡最真實的東西。即使一切都是謊言，但唯有它是真實的，可說是真正屬於自己的東西。

或許在正視弱點時，才是我真正面對自己的那一剎那？愈想隱藏，就愈能望見其真實。世上的一切都會隨著時間而改變。但即使一切都改變，自己的內心曾感受到的痛苦和喜悅，以及曾經有過的奮鬥，都是惟我獨有的不變真理。

葛莉絲說，她心裡仍然對自己充滿懷疑，懷疑這種選擇究竟是對還是錯。但有一個非常明確的事實，就是當她以女性身分站上舞臺時，感覺比過去更加自由。她說，她領悟到了這場奮鬥，最終成為了療癒自己的過程。

即使面臨人生谷底，愈是暴露出自己最大的弱點，愈需要張開雙眼面對問題。或許那一瞬間，才是我們人生中最閃亮的時刻。

責備自己也於事無補

對我而言，我最大的弱點是健康。在公司上班時，我因為太常請假看醫生而看了不少臉色，也曾因身體狀況突然變差而被迫休學了一年。

第一次住院時，我從來沒想過這種事會降臨在我身上，我以為自己跟其他病患不同。我看著不間斷地為躺在病床上的太太讀聖經、白髮蒼蒼的丈夫，心裡想著他們真是太慘了（和我不同）。後來，我的健康陸續出現問題，但過了七年之後，我才徹底意識到我是個不健康的人。雖然實際上我並不是毫無自覺，但我還是非常震驚。我居然是個病人！

不過，就結果而言，面對這個事實拯救了我。自從正視這個我原本厭惡至極的弱點之後，我才開始積極地照顧自己的身體。我先去找了一間可以好好治療我的病情的醫院，也開始聽取專家的建議。我也嘗試養成健康的飲食習慣，不在三餐之間吃澱粉或零食；以前我除了呼吸以外什麼運動都不做，現在也開始尋找自己能做的運動，一點一點地開始動起來。

最大的改變之一，在於我運用身體與心靈的方式。以前為了達到某個目標，我總讓身心靈過度操勞，彷彿自己的身心是消耗品一樣。但在面對健康之後，我領悟到，為了完成某件事而過度操勞，最後對自己並不是好事。那麼做不但不會幸福，也不會持久。現在不管是做什麼事，我都以不勉強身體或精神為前提，這成為我的人生信條。

在健康亮起紅燈的初期，我曾責備自己為什麼會不健康？因為我是個只要生活稍有不順，就會責怪自己的人。尤其是，每次一看到高達數百萬韓元的住院醫療費用，我就會對於要花那麼多錢才能活下去的自己深感羞恥。然而有一天，我突然發現了自己會用「你到底為什麼會罹患這麼奇怪的病，還變成這副模樣？」的想法來嚴厲地自我批判，然後出現了一個想法。「難道是我自己想生病才生病的嗎？這件事會發生似乎不是我的錯啊。為什麼我要怨恨自己呢？」

我是神嗎？我能事先預測和控制病痛嗎？顯然地，如果是別人罹患疾病我就能接受，並且認為身而為人，難免會有健康上的問題。但為何惟獨認為自己能完美管控身體健康，並在辦不到時感到失望、斥責自己呢？這是源於自認高人一等的優越感而產生的錯覺嗎？不論如何，為何我會期盼自己做到如此不可能的事情呢？

於是，我開始練習用凝視著一位摯友的眼光凝視自己，然後才終於能停止將自己逼到懸崖邊緣，也才能回頭看看這個曾經多麼堅持到底，多麼辛苦的自己。這似乎是我第一次客觀地看待自己的痛苦、困難和努力。因此，我停止責怪自己，慢慢地認同了自己。

即使有弱點，也不需要責備自己。**有弱點，並非就代表自己是個弱者。有很多必須**

克服的事，只是代表未來有很多需要取得的勝利。當然，我們可能會面臨到挫折，但這是自然而然的事。只要在那時給予自己溫暖的安慰和鼓勵即可。

人生不如意事十之八九，凡事並不會理所當然地朝著我們所想的方向前進。因此沒有必要為自己感到委屈，也不需要自憐自艾。只要去做在目前狀況下所能做到的事，自然地接收在這個過程中所有的痛苦和快樂即可。然後讚美自己一下：我的經驗更豐富了、我發現了全新的自己；我獲得了新的目標與意義，領悟到了與過往略為不同的自己。

在人生中遇到的弱點和障礙，最終不正是在告訴我們，我們需要什麼樣的療癒與成長過程嗎？各式各樣的弱點，丟出了各式各樣的問題給我們。「究竟該怎麼做才好？」這樣的問題會驅使我們去尋找解答。在這個過程當中，我們會在結束各自的徬徨之時，自然而然地覓得「獨一無二的自我」。然後發現自己原來是過著這樣的生活、自己原來是這樣的人，找到最大的解答。這些全都是為了活出自我的必經之途。

明明不是你的錯，為何要責怪自己？

相較於其他人，長期有憂鬱症狀的人更容易呈現出自我控制力低、同時罪惡感高的矛盾現象。[26]也就是說，這種人覺得自己做不了什麼事，但又覺得「一切都要怪我」。照理說，如果一個人什麼都做不到，就不應該怪自己才對，你不覺得好像有哪裡怪怪的嗎？除了那些有憂鬱傾向的人以外，還有一種人是不論問題的性質為何，一律都把矛頭指向自己。

「一切都怪我」的自責態度，雖然可以視為謙遜或是很有責任感，但嚴格說來，應該更接近「自我意識過剩」。也就是認為自己具有足以毀掉一切的強大影響力，而且在影響某件事成敗的無數因素當中，只有自己的影響力最大。覺得自己彷彿是所有事情的核心所在，也可以說成是一種自我中心。

我們必須明確認知到自己有責任的部分，並勇於承擔。然而，對於非我們責任的部分，我們也必須確實明白那不是自己份內的事。換句話說，我們必須抱持平衡的觀點。如果做不到這點，而是將生活中發生的所有問題想成「一切都怪我」，持續過度自責的話，將無法解決任何問題。

回想一下自己的個性特質當中，你最討厭且經常自責的部分吧。同時，也藉由謙遜面對現實的練習，冷靜地評估一下是否真是自己的錯吧。就我來說，我總是覺得自己太過懶散，在這邊就以此做為例子。

- 應該要多勤勞，才不算懶散呢？恐怕要一天只睡四到六小時，只要是清醒的時候，就得有井井有條地持續處理工作和啟發自我？如果是這樣的話，我的標準對一個人來說是否太過苛刻了呢？
- 人類是一種能量與認知資源有限的存在。至今為止，我是否已經消耗了太多能量，或累積了太大的壓力？所以現在是否到了該休息的時候了呢？
- 遺傳因素對性格特質有相當的影響。如果我本質上是一個誠實度低的人，就代表我得比一般人付出更多努力才行；然而，這樣的個性也要被視為是我自己的錯嗎？

- 究竟是什麼樣的環境因素，會讓我變得這麼無助？
- 現在正在做的事是否讓我覺得無趣，或是完全無法激起我的熱情呢？
- 我是否認同所有人都有自己的缺點，並沒有完美的人存在？

不僅是人格特質，還有外表、才能等生活各個層面，如果一直以來，你都在自我譴責「你這個白痴」、「你為什麼除了那個什麼都不會？」的話，**請仔細思考，哪些才真的是我的責任，我能改變的部分又是什麼。**

有時，與所謂的「人生勝利組」相比是無濟於事的。因為那是相當少見且難以普及化的特例（所以才叫人生勝利組）。而且，無法保證只要有某人做得道，其他人也就做得到。因此，沒必要為有某人做得到，但自己做不到而感到挫折。

讓我們寬容地接納各自的戰鬥吧

心理學家克莉絲汀．聶夫建議，當發現自己有不足之處時，不妨嘗試如下的做法。[27]首先，要以和藹可親的態度對待苦惱的自己，並接納自己原有的狀態：「因為我感受到了自己在這方面能力不足，所以才會有罪惡感，也才會感到沮喪。」

然後做個謙遜面對現實的小練習：「我抱持著一種自恥感，好像在這個世界上就屬我的能力最差。但真的是如此嗎？只要是人，任何人不都會有不足之處嗎？而且冷靜下來看，這其實不算什麼巨大缺失不是嗎？」

進行統整的話，依序可以整理如下：

1. 認知自己的痛苦：「我現在很疲憊。我很沮喪。我很不舒服。我很生氣。」

2. 接受這種痛苦是日常生活的一部分：「痛苦並不奇怪。也不一定是自己的錯。不只是我，所有人都有自己的痛苦。我並不孤單。」

3. 接納自己的原貌。給自己溫暖，懷抱一顆能自我體諒的心。然後詢問自己現在最需要的是什麼：「怎麼做才能放鬆心情？我現在需要什麼？散步？沐浴？美味的食物？。」

我們面對自己的不足之處時，如能抱持自我慈悲的態度，以更為正確的觀點面對現實，就不會瀕臨崩潰。我不想成為一個為了不犯錯或失敗，就緊握拳頭到指甲刺進肉裡都渾然不覺的人；我承認自己的不足，期盼自己不要成為一個因自我摧　而倒下的人。

此外，我知道人類原本就有所不足，每個人都生活在各自的戰鬥當中；我希望各位成為能坦然接受自己的弱點，並一笑置之的人。這也是我撰寫本書最重要的目的。

從現在起，請你別再評判自己

一般認為，自尊心是需要「根據」的。但也有不少學者認為，真正的自尊心不需要根據，也與生活的成果毫無關係，而是必須無條件愛自己才對。在以種脈絡下，愛德華・德西（Edward Deci）等學者，便自尊心區分為「真實自尊」（True self esteem）與「條件自尊」（Contingent self esteem）。❷❽

問題是，要擁有在任何情況下都不會動搖的真實自尊，是非常困難的事。人總是不停地評判自己。不過，能夠停止自我批判、對自己說「沒關係」，寬以待己的人，實際上較少仰賴「根據」，且往往擁有更接近「真實自尊」的健康自尊心。**這是由於他們對自己並不是採取評判的態度，而是採取接納和理解的緣故。**

一般而言，自尊心雖然看起來與自戀的特性（也有自我意識過度膨脹，要求他人讚美自己而造成周遭的人困擾的特性）有關，但與自我慈悲是沒有關聯的。❷❾懂得對自己寬容的人，比較不會一再回想過去的錯誤。此外，無論遇到什麼狀況，他們都比較懂得維持平常心。另一方面，對於防止一再回想過錯或挫折感，自尊心幾乎沒有實際成效。❸⓿

也就是說，即使是自尊心很強的人，也可能會討厭自己。自我肯定或自視甚高，並不代表就擁有愛惜自己的態度，自尊心高低與懂得自我照顧的能力是兩回事，就像我的情況一樣。

此外，不管是自尊心低或自尊心強的人，都會表現出不切實際的自我認知。如果將自己做某件事的模樣拍攝下來，然後評判自己做得如何時，自尊心低的人(A)對自己的評價，會比其他人對自己的評價來得更低。相反地，自尊心高的人(B)對自己的評價，會比其他人對自己評價來得更高；而且對於自己以外的他人，也會有評價偏低的傾向。31

然而，那些懂得對自己寬容的人，不會用這種扭曲的看法來看待自己或他人，而是會有比較正確的評價態度，因為透過貶低別人來保護自己是沒必要的。此外，這樣的人會認為，不論自己是否擅長做什麼，都值得被鼓勵；即使自己做得不好，也不會覺得自己就是該被遺棄的存在。

無論自尊心高低與否，每個人都可能會討厭或責怪自己，但原因和模式會略有不同。自尊心高的人，討厭的是在應該保持完美的自我形象上造成損傷的自己，並感到被無法符合期待的自己所背叛；為了控制自己這個問題根源，他們才會選擇自我批判。自尊心低的人則是怨恨無能的自己，他們自我批判的理由，可能源於自認毫無希望的哀歎。

基於上述理由，學者們認為，我們必須要對自己寬容，才能消弭高自尊心或低自尊心帶來的缺點，保有自身的優點。對根治不健康的自尊心而言，這也是一個非常好的解決方案。[32]尤其是當自尊心受損時，寬容才是最好的因應之道。結論是，如果想擁有真實的自尊心或健康的自尊心，首先就必須從對自己寬容開始。

03

戰勝批判的練習

我們心裡住著一個名叫「自我」的傢伙

心理學家馬克．利瑞曾說，我們之所以不斷地嚴詞苛責自己，是因為人類擁有比其他動物更加蓬勃發展的「自我」。❶如果沒有這個一直吵吵嚷嚷、不停干擾的自我，我們就不必活得這麼辛苦。

人類不同於其他動物的特徵之一，就是擁有「自我」。「自我」不僅能讓我們辨識出有別於他人之所謂「我」的存在，更能讓我們如同觀察他人的行為般，密切監視並審視自己的行為。擁有自我的我們具備了觀察及判斷自己的能力，所以才會提出「必須這麼做才對；這個情況下，這樣做不太合適；你剛才做了蠢事」等意見。

當然，我們不只會「觀察自己目前的狀態」，也可能會回顧過往，對過去的自己品頭論足一番；或是想像未來的自己，決定接下來應該要怎麼做。因此我們可能會窩在棉被裡亂踹一番，懊惱著「當時為什麼那麼做？」也可能因為對自己抱持的期待與現況相距甚遠，而感到失望及挫折。

你能想像森林裡的松鼠去反省一年前的自己，或是決定未來自己將成為什麼樣的松鼠嗎？❷當然，松鼠也有感覺及思想，看到眼前的橡實時，會興高采烈地撿來吃，或是將橡實儲藏起來，為即將到來的冬天做準備。然而，松鼠除了生存本能之外，並不會花心思把自己打造成一隻自我滿意度高的「傑出」松鼠。換句話說，松鼠不會因為今天拾獲的橡實數量比昨天少而自責，也不會因未達到預先計劃的橡實拾獲率，而倍感挫折。

人類託「自我」這個督察（或嘮叨鬼）之福，才懂得自我反省，並會為了建立更美好的未來而制定計劃。然而與此同時，人類也可能會過度擔心及譴責自己。基於這樣的理由，**馬克．利瑞曾說：「擁有『自我』是人類最大的禮物，同時也是詛咒。」**

別放任「自我」傷害你

我曾親自和利瑞教授見面洽談。我告訴他，他所謂「自我是詛咒」的觀點，正是我個人的寫照。他笑著回答我，他自己也被自我詛咒了好長一段時間，而且至今還是偶爾會譴責自己「就只能做到這樣嗎？」

利瑞教授的話讓我感到非常不可思議。身為學術界的重量級學者，他居然也會責備自己！這同時也讓我重新體認到，自我施加的詛咒力量是如此強大。**「我以為只有像我這樣的人才會自我譴責，沒想到這麼偉大的人也跟我一樣？」**那一瞬間，身為一個總是不斷自我刁難、背負著相同痛苦的人，我感受到了微妙的認同感。

這位席捲心理學領域最頂尖的期刊、曾寫出一篇引用次數超過一萬三千次的經典論文的人，竟然也會貶抑自己……。他到底譴責自己什麼呢？「研究件數達一千件算什麼？最少要一萬件吧」、「提出三個粗略的理論有什麼了不起，應該要提出十個才對」、「我還無法成為心理學大師」諸如此類嗎？

另一方面，我偶爾會想，如果我們不管擁有任何成就，都還是叫嚷著自己能力不足、不斷地折磨自己，那平平凡凡地活著不是更好嗎？因為這樣不管將來在哪裡、做什麼事，我們都會不斷找藉口譴責自己，並持續因此而感到痛苦。

環顧我們周遭，即使是在別人眼中相當優秀卓越的人物，自找罪受的人亦不在少數。他們一完成碩士課程，就認為應該要攻讀博士；讀完博士，就必須在好的期刊發表論文；發表完論文，就必須獲得更多的研究經費；取得更多研究經費後，就應該成為待遇優渥的教授或職場人士，不斷地鞭策自己。

事實上，教育水準與幸福程度並沒有特別關聯。❸因為教育水準愈高，對於生活水準或改善生活品質的「期待水準」與「比較水準」，愈會加速提高。

總而言之，自我譴責與我們一輩子習以為常的「生活習慣」沒什麼兩樣，若不改變日常的生活態度，無論獲得何等成就，每天依然只能活在自我譴責之中。即使成就豐功偉業，也會認為「那只是碰巧罷了」、「比我厲害的人多得是」；而只要發現自己有任何不足之處（人生情況大都如此），那一點就會化成尖銳的針，戳刺自己數十次、數百次。也就是說，即使是利瑞教授這樣有著無數卓越成就的人，依然還是會自我譴責。

利瑞教授表示：**「到頭來，評估者還是必須捨棄對自身的批判態度。換句話說，只有對自己寬容才是真理。」**如果持續批判自己，即使做了九十九件對的事，也只會把注意力放在錯誤的那件事上，竭盡全力地想做得更好，這絕不是正確解答。

利瑞教授會開始研究寬容，也是出自於苦惱該如何克服這種自我譴責。幸好這項研究對他大有助益。他學會了在不具破壞性的「適當」範圍內進行自我批判。我則告訴他，我也是從心理學研究中關於自我慈悲的部分，獲得了最大的幫助。

那天的談話結束、即將分開時，利瑞教授送了我一本他的簽名著作。書上寫著「願你的自我永遠不會成為你的詛咒（May yourself never be a curse.）」。我也由衷如此盼望。

自我譴責宛如自我逃避

有一次，我埋首於堆積如山的工作，才突然意識到已經快到死線，我卻一件事情都還沒完成。巨大的焦慮感與羞愧感湧上心頭。原本我還誇下海口，保證會如期完成，沒想到已經快超過截止日。我當時的內心反應是先指責自己「笨蛋！怎麼會這樣?!」接著想著「我的天啊，我完蛋了！」最後甚至還考慮「乾脆搞失聯，躲起來如何？」

大多數的自我譴責歷程都是如此。在別人責備自己之前，先是自責，然後躲進情緒的洞穴裡，覺得「我是個沒用又無能的人……」，認為就算自己把能做的事情做好，也毫無意義；於是乾脆什麼事都不做，只是垂頭喪氣並逃之夭夭。

我曾經再三強調，譴責自己無濟於事。但儘管如此，我們仍會不斷地責怪自己。這可能是因為，我們覺得「我已經（在別人討厭自己之前）重重懲罰自己了，我也討厭我自己，這樣夠了吧」，並且想逃離現實也說不定。又或者是，我們希望周遭的人能知道自己已經嚴以律己，並不是那麼差勁的人，期望能獲得誰的安慰。最終，我們可能只是在以非常迂迴的方式為自己辯解，想證明「我不是那麼一無是處的人！」

研究指出，過度的自我譴責會導致逃避行為。❹如果沉溺於過度自責所引發的各種情緒之中，會容易因為忙於應付那些情緒，而無法執行真正的重要行動；而且還可能導致自信心下降，懷疑自己足以擔負責任的能力，最後選擇不採取任何行動。

另一方面，也有人是抱持著務實的觀點，在犯錯時會承認錯誤，並以迅速道歉取代自責。❺他們認為只要是人，不管是不是故意，都可能犯下大大小小的錯誤；即使犯下過錯，只要再接再厲就行了。

然而，也有些人無法跳脫被逮到犯錯的事實，認為一旦犯下過失就無法挽回。他們容易深陷於挫折之中，乾脆什麼事都不做；或為了抵禦難以忍受的挫折感，表現出「一開始就不是我的錯」的態度來迴避問題。

特別是對自己所犯下的錯誤先自我譴責，然後再以「我是個糟糕的人」做為結論的人，反而更不太會去糾正自己錯誤；而知道「我做了錯事」，且只對特定行為表現出內疚感的人，似乎比較會去糾正自己的錯誤。因為改正「錯事」比糾正「糟糕的人」要容易得多。[6]**因此，希望大家即使失誤或犯錯，也不要直接歸咎於是自己的內在或自我造成的問題。**

學者指出，即使想承認是自己的責任並迅速修正行動，最好也不要過度譴責自己。如同我們會寬恕他人、給予他人改過自新的機會，我們也必須懂得原諒自己。誠如喬治梅森大學（George Mason University）的心理學家譚妮（June Tangney）所說，「如果有無法原諒的人，只要避不見面就可以；但如果無法原諒自己，還是不能不面對自己。」[7]

不是去「爭論」，而是去「理解」

談到自我寬容時，許多人會有以下的恐懼。

「如果過度自我寬容，不會陷入自憐自艾嗎？」

「這不會變成只考慮自己的自私行為嗎？」

「這不會讓人即使做錯事，也都加以包庇、假裝若無其事嗎？」

自我寬容與自我憐憫不同。自我憐憫是一種深陷於自己的不幸中，感到世界上只有自己最不幸的疏離感，並誇大不幸的一種過程。寬容則是重視「正確地認知現實」，必須去接受每個人都有所不足，都是生活在各自的苦難當中。不要認為只有自己最辛苦，並且要誠實面對自己的感受，不要太過情緒化。

事實上，懂得自我寬容的人，並不會產生「世界上只有我最辛苦」的疏離感，也不會單打獨鬥。他們能理解他人的人生也是伴隨著苦難，設身處地表現出同理心❽；在擁抱自身缺點的同時，也能寬大對待他人的短處。

此外，寬容並非無條件地凡事都好，也有別於安於現狀；寬容不是息事寧人地認為做錯事也沒關係，而是坦率接受好就是好，壞就是壞。針對必須解決的問題，不會讓情緒反應過度或抱持抗拒態度，而是沉着冷靜地接受生活中層出不窮的問題。此外也必須知道，即使發生問題，也不代表自己就是沒有價值的人。

心理學家勞拉・巴納德（Laura Barnard）談及自我寬容，亦即自我慈悲時，提出了下列看法。「自我慈悲是平常心，不是漠不關心；**是理解問題，而不是爭論問題**；是期望自己獲得健康和幸福，而非安於現狀與停滯不前。」[9]

懂得自我寬容的人也會更幸福。他們認為人生極具意義，並且能感受到自己的成長。他們認為不管情況如何，自己都是值得被愛的存在，並能感受到歸屬感，以正面積極的態度面對現實。[10]

與不懂得自我寬容的人相比，懂得自我寬容的人即使遭遇到壓力或不好的事，也比較不容易感到不安、憂鬱或羞恥；他們不容易受到壞事打擊，能自然地接受什麼事都有可能發生。因為無論遭遇何種狀況，他們都懂得讓自己的心靈保有餘裕。如此能減少不必要的擔憂，更加提升自信心，也會更積極解決問題。⓫

抱持著務實且溫暖的態度來生活，並不代表你就是一個弱者。自我寬容能賦予我們不會輕易倒下的力量，這是我們對人生所能採取的最負責任的態度。

並非唯有獲勝，才能笑得出來

如果前述，我從小時候開始，只要在做任何事時一卡關，立刻就會失去興趣，然後放棄不做。以我曾經做得不錯的事情來看，我也並非缺乏耐心；我之所以總是逃走的理由，或許只是因為害怕暴露出自己的不足之處。但我到底是在害怕什麼呢？

心理學家們根據人們執行各種任務時，究竟是重視過程還是重視結果，將目標分為

兩大類。⓬

一個是「表現目標」（performance goal），重視執行的結果。表現目標導向的人重視「不失敗」，更甚於學習與成長的多寡。他們會去在意他人的眼光，並以是否達到至少「表面看起來」還不錯的成果做為目標。就算實際上只是華而不實或弄虛作假，只要自己看起來不是一個失敗者就好。即使完全感受不到喜悅，但只要是在別人眼中看起來不錯的事，他們就會持續去做；相反地，只要在別人眼中看起來不夠好，他們就會感到失去意義，並傾向放棄。

另一個是「精熟目標」（mastery goal），重視執行的過程。不管別人如何看待或當下的結果為何，他們更著重於自己是否能感到喜悅或有所成長。跟表現目標導向的人相比，精熟目標導向的人不太會去在意自己在人前是否犯錯，只要能夠感受到快樂，他們就會持續去做那件事。

就我個人而言，我似乎整體更傾向於表現目標。所以即使只是簡單的業餘嗜好，我也無法純粹地享受過程，大多只會關注結果。

研究報告指出，只要略為拋棄「不做到不行」的想法，就能大幅降低不必要的壓力。⓭最近我正好實際體驗到了這項研究的結果。不久前，我開始練瑜伽，我試圖在瑜伽班裡做到最好，儘可能不讓自己丟臉。然而，其他人毫不在意動作生澀或手忙腳亂，只是很開心地跟著做動作，例如隨心所欲地做動作的小孩、汗水淋漓卻仍認真動起來的爺爺、奶奶等。

看著他們，我重新思考自己開始做瑜伽的理由。我應該是為了快樂地運動、釋放壓力才做，而不是為了與人競爭或感受優越感。這是我與自己的身體對話的時間，所以我下定決心不要因為其他事情分心。這樣想之後，雖然我做瑜伽時還是一如既往地做得亂七八糟，但卻增加了玩得快樂的信心。藉由一點一滴的練習，我正在體驗無關乎成果、純粹只關乎自己喜歡與否的事情。

與精熟目標導向的人不同，表現目標導向的人雖然短期成就顯著，但卻無法做好他們真正喜歡的事情。舉例來說，在某個科目方面呈現精熟目標導向的學生，雖然成績不如表現目標導向的學生，但對該科目的興趣反而更加濃厚，在接下來的學期也會傾向選修相關科目。

相反地，表現目標導向的學生雖然成績比較優異，但在該科目卻不會再投入必要以上的時間。⓮因此，研究人員將能找出個人長期喜愛的領域、奉獻心力，並具備深厚專業知識的人，稱為「精熟目標高於表現目標導向」的人。

精熟目標也與自我寬容有關。事實上，那些懂得自我寬容更甚於自我批判的人，比不懂自我寬容的人更能不計較得失，並能藉由做一件事過程感受到快樂。⓯由於不會以事情成敗來自我批判，而是以溫暖的眼光看待努力的自己，所以即使只有小小的學習成果也能感到滿足。

結果的呈現往往很短暫，但是過程卻很長。**生命歸根究底是時間的累積，大部分的時間並非結果出爐的那一瞬間，而是充滿了邁向終點的中間過程**。因此，懂得像尋寶般時時刻刻收穫喜悅的人，通常會比那些只能透過好的結果感受喜悅的人更加幸福。⓰假使你會做的事情很多，但卻沒有喜歡的事，那會不會是因為你過度關注成果了呢？

我們必須學會面對失敗

人們通常會說，只要努力就會成功；然而這種說法，就像是在責怪一個人「萬一失敗，是因為你不夠努力」。社會上有許多在工作上稍不順遂就會大力自責的人，這與我們的社會視失敗為禁忌也有很大的關係。因此我們需要學會面對失敗。

我們經常對孩子們說「你很特別」、「不管是什麼事，你一定都能做得很好」，並且希望孩子們也相信如此。問題是，現實並非如此。在孩子成長過程中，至少必須面對一兩次的失敗。賓州大學（University of Pennsylvania）研究創造力的心理學家史考特·巴瑞·考夫曼（Scott Barry Kaufman）曾說，**莎士比亞或貝多芬等被譽為天才的人，並非所有作品都很優秀。**[17]

他們同樣也曾經歷生活的坎坷磨難，有時候只繳得出不怎樣的作品，有時候才能拿出輝煌的成果。這些彷彿總是散發出天才光芒的人，生活也曾陷入低潮，也曾有走下坡的經驗。考夫曼認為，這些天才和一般人之間的差異（不僅是才能），在於他們能堅持不懈地大膽挑戰。如同這些在失敗和挫折之際，仍持續且勇敢地挑戰的天才一般，我們不妨也以更謙虛的心態感受一下失敗如何？也就是說，在面對困境時，請不要總認為那是不可能辦到的事，並且一副飽受衝擊的模樣。

失敗是隨時都有可能發生、非常稀鬆平常的事。如果想隱藏這個事實，把失敗講成一種鮮少發生或絕對不應該發生的事，則是一種欺騙。帶著這種認知長大的孩子，在突然面臨失敗時，可能會覺得「我不再是個特別的人」，或「我是個有問題的人」。⓲對他們而言，失敗是多麼晴天霹靂的事啊。有這種感受的孩子，有辦法戰勝失敗並繼續努力嗎？

與其教導孩子「絕對不會失敗」的幻想，不如告訴他們失敗是總會面臨到的事，人生其實並不容易。我們必須告訴孩子這是自然而然的事，所以就算失敗也沒關係。在遭遇到失敗、自然地接受事實之後，就應該充分利用這個經驗，從中慢慢找出自己能做的事。

刊登在《心理科學》（Psychological Science）裡的一篇研究報告指出，視失敗為成長必經過程的父母，養育出的孩子比較不會過度在意失敗，他們會表現出有適應力的思維，認為只要再接再厲就可以；相反地，不容許失敗的父母所養育出來的孩子，會認為一旦失敗就會暴露出自己能力不足，並且容易有再怎麼努力也不會改善的極端想法。⑲相較於不容許失敗的父母，容許失敗的父母才能養育出不容易被打倒，而且努力不懈的孩子。

我曾看過父母對著因輸為給朋友而難過的孩子說「下次你一定要贏」。雖然可能不是多重要的一句話，但為什麼一定要贏過別人呢？比起對孩子說「你一定要比他強，一定要贏過他」，教導孩子必須「執著於優越感」，父母難道不能以「人不可能萬無一失，輸了也沒關係。雖然你心裡一定很難過，但這時候更應該好好照顧自己」來勉勵孩子嗎？父母不是應該教導孩子，當面臨不可避免的失敗時，該如何因應嗎？況且，就算最後無法獲勝，難道不能跟孩子一起回顧在過程當中，孩子是如何思考、感受到什麼、學習到了什麼等等，然後給予祝福嗎？如今，該是我們誠實面對失敗的時刻了。

切莫因「別人的話」而舉起荊條

你第一次責怪自己是什麼時候呢？浮現在我腦海裡的，是小時候與家人一起去棒球場的記憶。有別於在棒球場裡興高采烈地加油的人們，我其實沒什麼興趣，只是靜靜地坐在那裡。看到我這個樣子，大人們說道：「別人家的孩子都那麼活潑，我們家的孩子為什麼這麼害羞呢？」然後嘆了一口氣。聽到這樣的話，這種讓大人們失望的感覺令我很不好受。我覺得個性內向害羞的自己做錯了事，最後硬著頭皮跟著大聲吶喊加油。

雖然我當時表面上在笑著，但內心充滿自責與羞愧。從那時起，有好一陣子我都很辛苦地勉假裝自己活潑外向。彷彿用相機觀察自己般，我用第三者的角度監視著自己的表情和行為舉止。其實並沒有人盯著我看，但我總覺得好像有誰一直在看著我（那個「誰」就是我自己）。

我們不必假裝活潑外向也沒關係。活潑外向與社交活躍是兩碼事。安靜內向也不代表討厭人群，內向的人只不過是電池消耗得比較快，比較快就需要充電而已。這種能量消耗較快的特性並不是自己的錯，它本身也沒有錯，沒必要討厭這樣的自己。

即使在接觸了心理學之後，我還是花了很長的時間才領悟到這些道理。我終於意識到自己是個什麼樣的人，直到我拋開對自身的羞愧感後，才知道什麼樣的關係和聚會適合我。我喜歡小型聚會，更甚於消耗許多能量的大型聚會；我喜歡可以安靜地坐下來和我聊天的人，更甚於喜愛喧嘩熱鬧的人。

我逐漸地建立起一種舒適又幸福的社交關係。舉例來說，最近我和一些朋友建立了一個彼此分享心得的「手工藝聚會」，各自進行著摺紙、繪畫，編織、縫紉等等自己想做的事。如今，對我而言，人際關係不再感覺像是例行公事。

另一個自責的記憶，則是在家中陷入困境，大人們一再跟我強調著家裡現在經濟有多麼困難的時候。每當我聽到他們說「妳知道家裡在妳身上花了多少錢嗎？」這樣的話，我就會覺得自己是個只會花錢的沒用傢伙。

如果不想老是責怪自己，必須下定的決心之一，就是不要把周遭人們對自己的批評內化。特別是習慣性自責的人，從小飽受來自養育者的諸多責難，也是他們會自責的眾多原因之一。

一般而言，會嚴重自我譴責的人多半與養育者關係不佳。[20]一項研究結果指出，在十二歲時如果曾受過來自養育者的傷害或批評，即使到了三十一歲，都還是跟憂鬱或攻擊性有所關連。[21]尤其是遭受過「你這個笨蛋」、「你怎麼什麼都不會？」等言語暴力的兒童，如果將「我可能做錯了」、「我可能真的是個笨蛋」等批評內化，長大後罹患焦慮症或憂鬱症的機率很高。

反之，如果不對批評照單全收，就不會出現焦慮或憂鬱等症狀。[22]不管別人說什麼，不自我譴責就沒事，但若開始責怪自己，狀況就會更加惡化。就像我一樣，因為被大人說怎麼那麼害羞而認為性格內向的自己有錯，且認為自己是造成家庭經濟困難的原凶，變得畏縮又自責。

倘若「將譴責內化」是問題所在，那麼不如換個角度想看看。**雖然我無法控制別人對我的批評，但對於如何接受他們的話，我還是擁有一定程度的選擇權。**換句話說，我可以為自己做出選擇。

戰勝譴責的練習

受到某人責難時該怎麼辦？首先就是要好好地撫慰自己的心靈。每個人都不喜受到他人的責難，自然會感到混亂及心痛。好好照顧自己受傷的心，給予它溫暖的撫慰吧。

安撫好自己的心靈之後，仔細地思考一下，人們之所以責怪別人，可能有數種原因。雖然也可能真的是自己的錯，但也有很多情況並非是自己的問題，而是因為對方自己的狀況或失誤，而讓我們無辜受到指責。

當人類覺得自尊心受到威脅時，會啟動防衛機制，毫不猶豫地責怪或詆毀他人。這或許是擁有自我的人類與生俱來的缺陷也說不定。此外，人類總是相對脆弱的，會認為只有自己活得最辛苦，別人都很輕鬆，是一種會輕易評斷他人生活的動物。總是認為別人（實際上不存在的虛構他人）都過得很愜意，只有自己的過得很貧苦，並會因為感到委屈而折騰，這就是人類。

此外，單純感到疲勞或壓力過大、血糖太低時，也會比平常更有攻擊性。㉓感到孤獨或被冷落時，也容易表現出攻擊性。㉔人類在展現出攻擊性行為時，總是會想出除了「我」以外的各種理由。

瞭解到上述事實，判斷出自己應負的部分責任後，只要專注於那個部分即可。如果有需要解決的問題，就應該積極加以解決。如此，我們才能進一步成為更成熟的人。

如果沒辦法完全做到自我慈悲，就先好好撫慰一下自己的心靈吧。我曾與一位研究自我慈悲的心理學家凱倫．布魯斯（Karen Bluth）一起參加某個會議。在會議開始時，主持者先請與會者暫時閉上雙眼，將手放在胸前，輕輕地揉一揉肩膀、手捧臉頰或環抱雙肘等，給我們撫慰自己的時間。

一開始我覺得有點尷尬跟排斥。這可能是因為我過去疏於自我照顧，也不熟悉該怎麼做，心裡才會產生抗斥的反應。於是，我告訴自己「撫慰自己沒什麼好害羞的。」這才拋下了羞愧感，將手放在胸前約一分鐘左右，體會到內心逐漸變得安詳的感覺。

利用觸感的碰觸（touch），一直都是人與人之間強而有力的溝通方式。[25]有時候說十句話，不如一個溫暖的擁抱、輕拍，面對面交握雙手的溫度，更能有效傳達難以用言語表達的感情。

這樣的碰觸不只是對他人，對自己也是非常有效的溝通方式。當戀人們互相擁抱時，會分泌催產素（oxytocin）等讓人形成愛與羈絆的荷爾蒙，當自己擁抱自己時，其實也會分泌荷爾蒙。[26]與其口頭上說一百遍「我愛我自己」，或許還不如緊緊擁抱自己一次有效。

如果你總認為是自己的錯

習慣性的自我譴責有時雖然是源於外在因素，但也會受內在性格所影響。有些人即使沒受到來自他人的批評，也經常深切自責。所謂的歉疚感，是指在有傷害到他人的可能性時，不由自主地感到痛苦。然而，這種歉疚感也有個體差異。有些人很容易感到內疚，有些人則比較不會自責。

有些人即使別人根本沒說什麼，也還是會不斷自我檢討，想著「我要是傷害了某人該怎麼辦？」或「是因為我嗎？」，經常自責不已；然而，也有些人就算傷害到他人，也還是會覺得「沒關係，反正沒人看到」或「這種事本來就有可能發生嘛」，一副滿不在乎的模樣。

歉疚感與傷害他人情感或造成客觀性的傷害有關，是一種以他人的存在為優先考量的情感，因此與感謝、愛等等一樣被歸類為社會性情感。歉疚感與儘可能不想傷害他人，在犯錯後知道反省也有關連，在一般情況下會發揮正面的影響。但問題是如果過度內疚，則會產生副作用。

當遭遇困難或缺乏自信時，人們通常會尋求周遭其他人的協助。那些善於運用實際協助或情感支持等各種社會支持的人，與不擅此道者相比，似乎更能快速脫離困境。舉例來說，在失業後善於利用社會支持的人，往往比不會利用者更能迅速再度就業。在罹患重大疾病時，他們的癒後情況也會較為良好，在承受壓力的狀況下，也較不會出現依賴酒精等來解決適應不良的情形。

然而，刊登於《人格與社會心理學期刊》（Journal of Personality and Social Psychology）的一項研究指出，經常感到歉疚的人，比不會感到歉疚的人更少尋求社會支持。因為他們擔心自身的不足之處會對他人造成傷害，也擔心讓別人失望。[27]

在上述研究中，研究人員讓參與者執行艱鉅的任務，並告訴他們可以獨自進行，但也可以與專業人士合作。換句話說，參與者能夠選擇單獨執行困難任務，或是接受某人的協助一起進行。結果顯示，較不易歉疚者對完成任務沒信心時，會試圖向別人尋求協助。相反地，易歉疚者在愈沒信心時，愈傾向於不尋求協助。

在另一項實驗中，研究人員讓參與者查看同伴的個人資料，並讓他們選擇要跟什麼樣的人一起執行任務。結果顯示，不易歉疚者傾向於選擇能力強的同伴，而易歉疚者在愈沒信心時，愈會選擇能力較低的同伴。研究人員指出，這是因為他們擔心，如果選擇能力比自己強的同伴，可能會扯對方後腿，或讓對方感到失望，因此會做出違反自身利益的決定。

研究人員同時指出，相對於不易歉疚者，易歉疚者會有在團隊中更努力工作，且交出更好成果的傾向，但卻會有想避免與能力強的人一起工作的傾向，這降低了他們成為別人的好伙伴，或是遇到好伙伴的可能性。此外，即使他們有足夠的能力成為領導者，也還是有不喜承擔重責大任的傾向，最終可能會錯過成為領導者的機會。

試著這樣活用你的「自我」

一如前述，因為我們會持續不斷地審視自己，嚴詞斥責、怪罪自己的自我，人生才會過得那麼累。但又能如何呢？都已經擁有了自我，就只能儘可能地善用它。幸運的是，我們具備了可以有意識地思考自我的能力。**因此，當自我在說廢話時，你也可以對它說「喂，安靜點」**。

我們也可以忽略自我的嘮叨，對自己採取寬容的態度。誠如先前所探討過的內容，我們可以如實接受自己的不足與苦惱，用溫暖的話語對自己說聲「辛苦了」。

即使有些事情本身無法完全掌控，你也能一定程度地選擇如何去詮釋及因應。例如，假設你認為某人是因為想加害於你才故意搞破壞，並為此感到怒火中燒；但在這一瞬間，你也可以這麼想：「等一下！人類總會認為自己是個複雜的存在，但對他人的判斷卻容易流於草率。我果然也不例外。也有可能是我完全想錯了。」

雖然後面還會更詳細地探討，但當失望或挫折等負面情緒湧上心頭，或憂心忡忡之際，不妨試著用「這樣的情緒真的有好好反映出真實情況嗎？該不會又是大驚小怪吧？」的想法來思考。即使那種情緒相當真實，也可試著想想「等等，擔心成這樣能改變什麼嗎？」

即使原本是件重要的事，但是我們卻因為逃避現實，而將它當成小事一樁時，也只要面對現實，用寬容的態度和溫情來包容自己即可。**以正確的心態面對現實，並抱持寬容的態度，是我們善用自我的最佳良方之一。**

04

不假裝沒事
也沒關係

你可以對自己說辛苦了

如果想對自己抱持寬容的態度，只須練習接受自己原有的想法及感覺，不需要過度自我膨脹或貶抑。接下來我們就來談談與此有關的內容吧。

我們經常會在看到某些人時，忍不住說他們「真是太厲害了」。例如，勤奮不懈地執行自己工作的人、有著出色廚藝的人、即使落榜也再度挑戰的人、每天準時上班的人、維持良好婚姻關係的人、生兒育女的人……等等。在我們身邊，真的有著很多了不起的人。

有趣的是，在聽到「真是太厲害了」的時候，多數人的反應會是「啊！沒什麼啦。」雖然這是一種謙虛的表現，但我覺得，在解決了難題後，最好能坦率地認可自己的辛苦。因為只有在真心認可自己的努力與成就時，才能誠摯地讚賞及鼓勵別人的努力與成就。

因此，對於別人給予的肯定及讚許，不需過於謙虛回應，貶抑自己的辛勞。只要回答「謝謝你的認可，託你的福才給了我力量」這樣的話即可。我也一面期許自己能成為將鼓勵傳達給他人的人。

心理學家馬克．利瑞說，嚴詞譴責自己的行為，等同於在取得將來他人發生相同事情時，可以譴責他人的資格。❶社會上苛待自己的人愈多，苛待他人的人也就愈多。研究結果發現，自我要求很高、不把一般成就看在眼裡的人（例如完美主義者），實際上也會以相當高的標準來要求別人。❷而且會嚴厲責　子女的父母，多半有完美主義者的傾向，對自己也很嚴苛。❸如果無法擺脫折磨自己的嚴苛標準，這將成為把嚴苛標準強加在周遭人們身上的元凶。

如果認為自己所完成的艱鉅任務不過是小事一樁，那麼對於他人所做的事，應該也會覺得沒什麼了不起，而吝於稱讚對方吧？為了創造一個寬容的社會，最好不要過度膨脹或貶抑自己。

一如在犯錯時，與其不假思索地自批「我是個糟糕的人」，不如想成自己是做了

「不恰當的舉動」，最好能從具體的行動來進行檢討，對事不對人。在獲得稱讚時，也不要認為那就代表自己是個了不起的人，只要認可自己把事情做得不錯便已足夠。

只要不加誇飾、如實認同自己完成了一件真正困難的事，而且已經竭盡全力就好。**不論別人是如何去做那件事，只要對自己而言這真的是件難事，而且也已經傾注真心去做，就應該認同自己的努力。**就算是從未經歷過的挑戰，而且需要鼓起很大的勇氣去做，也只要如實承認即可。

為何我們更關注壞事？

我們往往用嚴格標準看待自認做得好的事情，但對於犯錯時受到的挫折，卻會迅速承認。原因之一，是由於我們的情緒系統原本就被設計成關注壞事多過好事，對壞事會有更大、更持久的反應。

一如前述，情緒具備一種非常有用的功能，能告訴我們自己目前正處於何種生活狀態。特別是負面情緒，具有警告我們某些事情出了差錯的功能。

舉例來說，如果感受到憤怒或恐懼等情緒，意味著有某種威脅存在。針對有能力與之抗衡的對象，我們會感受到可提升攻擊性的「怒火」；面對與其正面衝突，不如走為上策的具威脅性的對象，則會感受到誘發逃離的「恐懼」；至於面對腐爛食物或蟑螂等骯髒之物時，所出現的噁心情緒，則主要是用來預防「感染的威脅」。

負面情緒正是藉由這種方式扮演了告知我們「危險！」的角色。如果沒有這些負面情緒，將難以即時防止來自他人的威脅，看到有危險性的對象不會立刻逃跑，也不會對蟑螂爬過的食物感到不適而吃下它。因此，學者認為負面情緒在生存上發揮了很重要的作用。❹

然而，這樣的情緒系統有很多假警報（false alarm）。將石頭誤認為地雷還無妨，將地雷誤認為石頭可能就會有大問題。因此，有時就算沒什麼問題，警報還是會嗶嗶作響。

此外，為了讓懶惰的主人（人類）立即採取行動，情緒系統大驚小怪的程度相當嚴重。稍有危險時，不是發出「那裡有點危險……」的訊息，而是以「啊啊啊！危險啊！狼來了！」的方式警報大作。

實際上，在發生類似事件時，負面情緒的強度會比正面情緒更大、更持久，且更引起我們注意。負面情緒的影響往往會呈現主導，這種現象稱為「負性偏差」（negativity bias）。❺換句話說，比起好事，我們基本上更會受到壞事的影響。

舉例來說，我們在失去十萬韓元時感到的悲傷，會比得到十萬韓元時的喜悅來得更大。感官層面也會有類似的現象，例如溫度下降五度，會比上升五度更讓人有感。

悲觀主義哲學家叔本華（Arthur Schopenhauer）認為，「痛苦（pain）」是能確實感受到的東西，而「無痛（painless）」是無法確實感受到的東西。❻舉例來說，我們能明確感受到口渴或飢餓，但在它們被滿足之後，只剩下口中充滿食物的感覺而已，並不會特別感受到與痛苦同等強度的喜悅。

開著空調時，我們還不致於幸福得想要手舞足蹈；但只要一關掉，就會湧上巨大的煩躁感。呼吸順暢時，也不會一直感受到與呼吸不順時的痛苦成正比的喜悅。飢餓、口渴、尿急或便急、呼吸不順等等，都是具體的痛苦；但在這些痛苦得到緩解後，所獲得的喜悅也只是籠統程度的滿足感罷了。

此外，以整體的感覺而言，不好的事情似乎會比開心的事持續更久。當你獲得讚美時，可能會開心一下下，然而若是被辱　的話，就可能會生氣好幾天。就算喜悅一度上升，還是會快速降回原點，但負面情緒就比較沒那麼容易「適應（adaptation）」。我們很少會因某件事開心一整年，但卻有可能因某件事悲傷一整年。

此外，有數件好壞事混雜在一起時，壞事也會有比較大的影響力。即使一整天的工作都在不知不覺間順利完成，只要有一件不好的事情發生，那一天就會變成倒楣的日子；美味的食物中一旦加進一種奇怪的味道，就不再是美食；一個大尺寸的披薩上，只要有一隻小蟑螂，整個披薩就都要被丟掉。

判斷人的性格時也是如此。這個人優秀、有才華又幽默，但是不誠實；或是這個人善良又幽默，但是能力不足等等，在說明某個人的個性時，即使十項中有九項是好的，只要有一項不好，那項資訊就會占據較大的比重，造成不好的印象。❼與同等的正面資訊相比，負面資訊的力量更強大。

別為了負面情緒而焦慮不安

負面情緒很容易吸引人們的「注意」。交錯擺放幾張不同表情的臉孔時，我們會最快找出憤怒這種負面情緒；而不管是說好話或一般對談當中，辱罵等負面語言也最容易受到關注。❽

如同「幸福人家的幸福彼此相似，不幸人家的苦難卻各不相同」這句話，在許多文化圈裡，比起表達正面狀態的詞語，表達負面狀態的詞語總是更多，而且更能呈現出具

體的現象。❾

也就是說，基本上即使我們發生好事與壞事的比例差不多，但受負面事件與負面情緒的影響都會比較大。特別是有憂鬱症的人，在面臨各種狀況、事物、人等，當好事壞事摻雜在一起時，惟獨會對壞事特別有感覺，認知扭曲的程度也會更嚴重。❿因此，即使好事再多，一旦被壞事吸引了目光，小小一件壞事就會讓人忽視其他所有好事。換句話說，負面事件與情緒的力量既強大又持久，因此我們必須格外留意「情緒分析」。

在感受到挫折感或憤怒等負面情緒時，它其實也可能是假警報或誇張的反應。這會讓人產生一種「在我的人生中，壞事似乎總是比好事更多，我的人生出了大問題」的感覺。**因此在感受到這種情緒時，不要立刻深信不疑，必須要思考一下，自己是否惟獨對壞事反應特別大（這樣的可能性相當高）**。

許多人拿挫折感等情緒做為失敗的標準，一旦內心湧現這種情緒，就會對實際上沒什麼問題或還不致於太慘的事情，直接做出「我的人生完了」的結論。但是，此時情緒可說是判斷的標準，只要還記得有所謂的「過度反應者」，或許可以下更好一點的結論。

幸好有一件值得慶幸的事實：雖然情緒是本能反應，但感受多少會受到每個人詮釋不同所影響。即使處於類似的興奮狀態，如果眼前站著一位具有魅力的異性，我們就可能會被對方所吸引；⓫但如果站著一個沒禮貌的人，反而會感到憤怒。⓬緊張時也一樣，只要被問道「你是不是有點緊張？」時，也會感到自己似乎真的有點緊張。⓭

不必忽視情緒的存在，欣然接受即可，不必誇大解讀。傷心或不開心都概括承受，這就是我們生活的全部，不必太過在意。來回顧一下最近搞壞自己心情的事吧。那件事真的有那麼糟糕嗎？當你感到非常沮喪或焦慮時，請想想下列內容。

- 情緒只是一種心態，並不能正確地反映現實（actual reality）。
- 情緒只是在特定狀況下，協助我進行判斷跟行動的警報。因此，當情緒湧上時，只要當成是「警報響了」即可。

■ 這樣的情緒是因為現實狀況真的很惡劣才湧現？還是單純是因為我的「期望」太高？

■ 所謂的承受壓力，只是代表自己目前有些極須費心的重要事項待辦而已，不需要因為壓力本身備感威脅，將更大的壓力加諸在自己身上。

■ 當情緒湧現時，不要立刻說話或採取行動。因為很容易表現出毫無根據的誇張反應。回顧一下過去你因突發情緒而立即作出反應後，馬上又後悔不已的事情，內心默數到十後，再冷靜地思考一下吧。

即使痛不欲生，也可以豪爽地笑

若說情緒是一種訊號或訊息，如何解讀及行動應該完全操之在己。

有人問納爾遜・曼德拉（Nelson Rolihlahla Mandela），在監獄服刑二十六年仍不改其志的勇氣是來自何處？難道你不害怕嗎？曼德拉說，勇氣並非無懼，而是即使感到恐懼，也必須為了自己想做的事情努力不懈。[14]

事實上，所謂精神力強大且靈活度高的人（即使發生負面事件，這些人也比較能迅速克服），他們的特徵如下[15]：即使遭逢困境，仍會保持微笑；即使身處壓力、憤怒與悲傷之中，也會在內心為自己留一個角落；即使發生不好的事，也不會寢食難安，仍會享受美食、從事有趣的活動，並持續地為自己注入有益身心的刺激。

有些人在罹患了重大疾病，似乎沒有任何好事可言的狀態下，仍會心懷「感恩」。一項研究指出，具有這種特質的人比其他人更能忍受疾病。然而，在這種情況下還會覺得感激，一方面讓人覺得非常了不起，另一方面也會讓人　疑這個人是不是腦袋有點問題。

在艱困的情況下仍心懷感激的祕訣是什麼？它並非無視糟糕的狀況，**而是在面臨嚴峻現實的同時，依然能看到存在於生命中的喜悅。**[16]悉心照顧我的家人與朋友、依然美味的蛋糕、還有辦法散步的身體狀況、因醫學發達而得以研發出的更好藥品、罹患相同疾病的病友的相互打氣等等，他們往往不排斥且正面迎向生活中的美好部分。

但我們仍會有無法以一己之力控制情緒的時候。諾貝爾和平獎得主戴斯蒙·屠圖（Desmond Tutu）呼籲，即使無法控制自己的情緒，也不要討厭自己。[17]因為我們只能在各種情況下竭盡所能去做。

「盡力而為」是我們可以控制的部分。但「結果如何」就不是我們可以控制的部分。因此，不必過度在意。

不假裝沒事也無妨

對於不算太糟糕的事，雖然不必過於誇大，但也不能掉以輕心。仔細想想，我們總是對一些瑣碎的事情大驚小怪，面對真正的大問題反而會輕描淡寫帶過，並加以忽略，企圖矇混過關。這是因為我們害怕承認問題嗎？

我們將並非微不足道的事等閒視之的原因之一，主要是來自周遭的壓力。在個性不能太尖銳、做人要儘可能圓滑種種社會規範約束下，提出問題本身被認為是破壞組織和諧與和平的事。有時候我覺得自己是個怪人，因此會像其他人一樣逃避問題，並想著「應該會沒事吧？只是我太敏感了吧？」

舉一個發生在學校的性暴力案例來說吧。性暴力的定義是「未經同意而發生的所有非自願之性行為」。不只是物理層面行為，還包括所有口頭與非言語行為。利用自身的地位或對方的弱點等，強迫發生性關係的性要脅（sexual coercion）；以及在當事者非自願的狀況下窺視對方身體，未經同意而以對方為性對象之性關注（unwanted sexual attention）都包含在內。

有一項研究，以美國伊利諾伊州的八百五十八名中學生（五至八年級）為對象，進行各種型態的性暴力現況調查。[18]結果顯示，有接近半數（約百分之四十三）的人，回答至少有一次受到非自願性的性騷擾、戲弄的經驗；約百分之十四的人回答曾遭受性謠言（sexual rumor）所折磨；百分之十一的人回答曾有人拿色情照片給他們看。整體而言，語言暴力雖然常見，但有百分之二十一回答是曾遭到帶有性意味的方式觸摸、抓捏身體的部位。

然而，其中有很多學生認為自己所遭遇的事沒什麼大不了，雖然非常令人不快，但也可能是自己太過敏感所致。但請學生們試著說明自己所經歷過的最不愉快的性暴力事件後，不管是男女學生都承認，無論是身體上還是言語上，只要是不情願的性暴力，都讓他們感到非常痛苦。儘管如此，他們還是以「可能是開玩笑的吧」、「可能沒什麼特別的意思」等方式，試圖縮小那件事的意義，且表現出不想再為此傷神的態度。這種態度，女性受害者比男性受害者更加明顯。

真的沒什麼嗎？顯而易見地，這是因為承受來自周遭都認為應該要寬宏大量的壓力，或「男孩子本來就都這樣」等對男性的偏見所致，才會在遭受到性暴力時，努力地說服自己這件事沒什麼。

研究人員提出警告，對於尚未明確形成價值觀的年輕學生而言，認為性暴力「可能只是在開玩笑」的想法，是非常危險的事。而且這種思維，最終也可能導致自己將所承受過的遭遇，轉變為去凌辱其他孩子的行動。回想起來，小時候如果有一個朋友經常做出很過份的舉動，大人們總是會說「那是因為他喜歡你才會這樣」。從用這種方式將明顯的欺凌行為，包裝成無關緊要的小事開始，問題就已經產生了。

對於明顯的性暴力行為，社會是否讓女孩們學習了錯誤的寬容及適應度，且增強了男孩們情感上的扭曲表現與脅迫性呢？若持續這種陋習，這項研究也只是突顯出受害學生們認為「應該是可以做的事，沒什麼吧」這種充滿迷惘的反應而已，不是嗎？**無論人們的反應是什麼，壞事就是壞事。而且這絕對不是小事一樁。**

無論多麼稀鬆平常，不對就是不對

我們似乎對家庭暴力也非常寬容。即使發生了身體暴力，也會說那是別人的家務事，不用理會；或說家人之間也可能會這樣，表現出錯誤的寬容態度。對韓國人而言，所謂的家人是什麼？就是能夠隨意地壓榨和剝削身體和情感的對象嗎？因為是自己人，所以就能不加以尊重或不遵守禮儀嗎？

一個令人玩味的事實是，在過去存在著奴隸制度的美國，為了掩蓋主人和奴隸間剝削者與被剝削者的關係，總是強調以嚴格的關懷與服從組成像「家庭」的關係。[19]如果所謂的家人，是以「美好的犧牲」、「服從與恭敬」之名來行剝削之實，為了人們的心理健康和幸福，韓國式的家庭或許從頭開始重建會比較好。

人們對於虐待的認知似乎仍十分有限。不僅是外表明顯可見的身體虐待，還包括對子女說「你怎麼除了這個什麼都不會？」等言語虐待。有很多人不知道這也算是虐待。在年幼子女的人生當中，最重要的人就是父母。試著想想，如果人生中最重要的人說出懷疑自己的資質、貶低自己的話，應該會讓人不由得也懷疑起自己的價值與生活的意義吧。**如果本應提供安全感的家庭，令人感覺就像一座凶猛野獸盤踞的叢林，我們到底還**

能在哪裡找到安心的棲身之所呢？

如果這種程度就叫虐待，在韓國應該沒有人沒被虐待過吧？沒錯，無論是多麼稀鬆平常的事，不對就是不對。一般的傷口，並非就不是傷口。在一項追蹤了兩年的研究報告中，證實了一件事：養育者愈常吼叫或口出惡言，孩子的攻擊行為與憂鬱症就愈嚴重。[20]此外，對孩子犯下傷害性言論與行為後，即使再對他說出溫暖的話，也沒辦法撫平孩子受到的創傷。[21]給予傷害很容易，但抹去傷害卻很難。

我也是直到最近才意識到，小時候在家中習以為常的事，原來是一種明顯的虐待。人格有缺陷的父親，只要一生氣就會怒目威脅並丟東西。在有嚴重沙文主義的家中，對於我是女兒這件事大失所望。母親對我所遭受到的差別待遇非常傷心，決定要把我養成一個聰明伶俐的人。很遺憾地，母親的計劃沒有成功，儘管我很聰明，仍然無法獲得關愛。

我母親的父親在她小時候就過世了，但是因為他非常疼愛她，母親說她至今還留著外祖父特別照顧她的記憶。在這樣的父親之下長大的母親，完全沒想過會有討厭女兒且有嚴重差別待遇的父親存在。在父母親離婚，我與母親分開住之後，父親對我的差別待遇更加嚴重。弟弟考試沒考好，被打的卻是我；即使我在班上考了第二名，也會聽到「考成這樣還上什麼學？」的怒吼聲。

遺憾的是，有一份報告指出，被虐待長大的人，比沒有被虐待的人更贊成「打是情、罵是愛」的觀點。[22]人類具有賦予所有事物意義的特質，會以「後來想想，這些都對我有所幫助」來過度包裝，或者認為自己什麼都不會，懂的教育方式就只有這種打而已。然而，世界上有非常多種好的教育方式，如果想讓下一代有機會擁有一個更幸福、更健康的童年，那是否該接受不同於打　教育的方式呢？

事實上，許多研究都指出，透過身體上的痛苦、焦慮與恐懼來消弭不良行為的教育方式，並沒什麼效果。[23]即使有效，也只是在恐懼的刺激存在時，才出現的短暫效果（只有讓自己心生畏懼的人在時，才會注意等）。此外，因為沒有讓被體罰者理解自己究竟做錯了什麼，也沒有告訴他哪些行為才正確，因而導致促成真正改變的成效不彰。不僅如此，也有研究指出，被體罰長大的孩子，比沒有被體罰的孩子更容易出現暴力及反社會傾向。[24]

我花了很長時間才意識到，發生在我身上的是相當令人震驚的事，也是不應該發生在任何人身上的事。即使這是許多人都曾經歷過、極其普遍的事，但這完全不是件微不足道的小事。必須瞭解它的嚴重性，才能扼止暴力的代代相傳。

我認為，為了與我經歷過類似的事或正在經歷中的人，不應該說出「發生在我身上的事沒什麼大不了」這樣的話，也不能允許「那又沒什麼」這種看輕別人創傷的言論被廣泛接受。

保護自我，就從照顧好自己的心開始

我曾經參加過一個與本書論及的自我慈悲有關的工作坊。工作坊中分成小組進行討論，每個人都要談談自己的故事，那天的主題是「我曾忽略的自身苦痛」。我腦海中不加思索浮現出健康這件事。然後彷彿又回到我的病再次復發，大大小小痛苦的遍布全身那個時候。

輪到我時，我告訴大家自己曾罹患自體免疫性特殊疾病。每個月龐大的醫療費用，讓我相當痛恨需要耗費大量生存成本的自己。提及此事，我突然淚流滿面，也頓時感到驚惶失措。在此之前，我不曾因為健康問題而大聲哭泣，這是出乎我預料之外的淚水。

驚惶失措之餘，我的心中同時湧上微妙的羞恥感與罪惡感。我討厭因為承受龐大的醫療費用壓力，而無情地自我嫌惡的自己；也討厭正在哭泣的自己。泰然自若地面對死亡門檻的患者也不少，又不是馬上就會死掉的病，還矯情什麼呢？太脆弱了吧！我又再次自責起來。

但另一方面，在那次工作坊裡我也有所收穫。平常我並不習慣談論自己的事。因為不喜歡讓家人或朋友擔心，我很少提及自己的病痛，所以那幾乎是我第一次在別人面前談及私事。而我在講述這件事時，承認了自己因罹病而受到過大的心理衝擊，也領悟到過去我花費了多大的精力去忽視及隱蔽它，而不是照顧它。

我認為遇到困難的時候就是遇到困難，不必多說什麼。我過去一直認為健康問題是對自己沒什麼影響的小問題，但實際上卻是一個很大的問題。原來長久以來，我一直都在忽視自己的痛苦。或許工作坊上的眼淚正是我所需要的。

另一個案例也曾讓我感受到照顧自己的必要性。那是我在性暴力受害者支援中心開始擔任志工後不久的事，當時我的主要工作是接聽一般人打到服務專線的來電；至於身體或情緒上處於相對緊急狀態的人，則有另一支提供緊急諮詢的專線，所以我其實幾乎不曾接到那種緊急來電。

然而，就在志工服務的第一天，來了一通緊急諮詢電話。因為還不熟悉這個業務，我急忙地想把電話轉給另一名工作人員，但正好全部的工作人員都在開會。我冷汗直流地走進會議室，請求諒解並解釋了狀況。幸好有一名機靈的工作人員快速走出去接了電話，因為我們不能錯過任何一通諮詢電話。

後來中心主管走近我，問我還好嗎。因為還處於暈頭轉向的狀況，我就表示沒事，輕描淡寫地回答過去。然而奇怪的是，即使已過了好幾天，當時的情況仍在我腦海裡揮之不去。因心急而不知道該說些什麼，我當時驚慌失措的口氣搞不好也讓鼓起勇氣打電話來的人感到不舒服，而造成了不好的影響，這讓我深深地感到愧疚。

一開始我還心想，如果想在這裡工作，不能天天都受到衝擊；這種程度的衝擊不算什麼，試圖讓自己心裡過得去。但愧疚感漸漸席捲全身，沉重地壓在我心頭。我認為再這樣下去，我可能會想逃離這份工作，所以最後決定和中心主管談談。

「如果您稍微有點時間的話，我方便和您談談嗎？」有別於小心翼翼詢問的我，中心主管彷彿早已心裡有數地問我是不是因為那天的事。我問他為什麼知道。他回答「我在第一次接到緊急電話時，整整一個星期回到家都在哭。現在偶爾也還會哭。可能是覺得我自己沒有好好應對，或是沒有充分給予對方協助而感到愧疚才這樣吧。」

中心主管告訴我說，由於這份工作的性質會讓人產生非常大的精神壓力，因此為了持續從事這份工作，必須不斷自我照顧（self-care）才行。

「妳有看到中心到處都有瑜伽墊和壓力球（承受壓力時，用來抓握的橡膠球），還有一隻巨大的泰迪熊吧？它們為什麼會在這裡出現呢？其實都是為了療癒工作人員的心靈。」

似乎真是如此。到處都有我曾疑惑為什麼會出現在這裡的東西。那些都是為了療癒心靈而存在，中心的人們時時都在自我照顧。我環顧四周，反省疏於自我療癒的自己。並覺得未來也應該儘可能好好照顧自己才行。

我也提到了自己的愧疚感。中心主管告訴我說，我們都只能盡力地做好自己份內的事，要相信扮演其他不同角色的其他工作人員，並將工作託付給他們。雖然這樣的內容我已經在腦中想過，但透過他人的口中得以再次確認後，這些話也更深深地刻劃在我心中。

情緒一來，就立刻檢視一下

有一次，我因美國喜劇演員艾米．波勒（Amy Poehler）的書而獲得了意想不到的療癒。[25]書的內容是講述寫作的膩煩和悲慘，提及人們總想像寫作這件事是在典雅的書房邊喝著咖啡邊打字，但是實際上並非如此。

波勒說，事實上甭說是優雅了，作家經常是不知道日出日落，幾天幾夜都沒洗澡的邋遢樣。寫書的過程比起樂在其中，更類似瀕臨死亡的心情，就像是膝蓋伏地緩慢爬行，而非快速奔向目標終點。

讀著這本書的時候，我想了想，通常我也是那副德性。我無法帶給周遭「我正在工作」的印象，偶爾也會聽到家人說「她是無業遊民」之類的話。我曾懷疑自身的能力，也曾思考過這些是值得一讀的內容嗎？這麼辛苦究竟是為了什麼？偶爾無法獲得良好反應時，我會覺得自己就像被拋棄一般。

這本書不是什麼題材新穎的故事，卻令我感到驚訝的原因是：它所指出的部分，我在過去從未明確地思考過。不過，透過他人的描述，使我發覺到自己正在做的事是多麼令人痛苦時，不僅讓我產生共鳴，也讓我的心情相當舒暢。此外，有意識地指出讓我感到痛苦的部分之後，痛苦似乎變得更加深刻，但實際上也有種被堵塞的情緒得以疏通的體驗。

就像這樣，情緒有時只需要透過「理解」就能夠加以排解。當你感到辛苦或悲傷時，如果有人對你說「很辛苦吧！你一定很傷心」，對你深表同情，就能夠大幅減輕你的辛苦或悲傷。實際上許多研究也闡明，理解痛苦的心情並表現出同理心的「情緒性支持（emotional support）」，比客觀解決問題的「工具性支持（instrumental support）」更能有效減輕壓力與消弭負面情緒。[26]

想一想，與其說是不知道該如何解決問題而感到痛苦，我們更多時候是雖然知道該怎麼做（要努力運動或認真讀書、多經營人際關係等等），只是因心態上尚未準備好或情緒無法負荷，才會感到無助、悲慘而痛苦。這與問題本身無關，而是無法紓解痛苦又複雜的內心所致。**就像這樣，比起問題本身，更多時候我們其實是被無形中慢慢累積起來、不知不覺間湧上心頭的情緒壓垮。因此，照顧好自己情緒的重要性，並不亞於解決問題。**

好消息是：紓解情緒與解決問題息息相關。若能理解引發情緒的原因，大致上就能找出解決的方法。❷如前述，即使是稍嫌誇張的情緒，基本上也是在對我們傳達某種訊息。傳遞完訊息後，情緒就不再有存在的必要性，會隨著時間的流逝逐漸風平浪靜。

舉例來說，深夜家中出現巨大聲響時，我們會感到緊張；發現是家裡的貓咪弄出來的聲音後，驚嚇的心隨即會平靜下來。身上好像長了腫塊，會不會有什麼大的異常？擔心又不安地去了醫院檢查，確認沒什麼之後，不安就會消失。對未來種種感到擔憂時，若能領悟到這些都是實際上還沒發生的事，未來自然各自會有解決方案時，就能減輕擔憂。愉快的事也是如此。看到放在家門前的花束時，心想是誰放的呢？心裡一陣悸動；得知是附近新開的花店發傳單附贈的花之後，悸動立刻就會平息下來。

在說明或解釋引發情緒的各種事件後，情緒強度就會呈現降低的現象。發生好事或壞事→尋找原因並判斷是否須加以因應時，情緒會拋出「危險」或「悸動」等訊息→為了消弭不安的情緒，必須瞭解事件情況→理解整個狀況，覺得「啊，原來如此」→情緒得到紓解，開始解決事件。以上的過程其實是一個循環周期。

因此，情緒一來，最好立刻檢視一下。例如，產生負面情緒時，只要接受這是「看來這種事對我來說太吃力了。尤其是這一點特別困難。這真是辛苦」的訊息即可。就像當一位在隊員提交報告後，仔細確認並指示決策的優良隊長一樣。相反地，當情緒像一百條未讀訊息一樣持續累積時，紓解的速度就只會變得更緩慢。

再強調一句：當你仔細聆聽情緒時，做為一個最終決策者，必須擁有均衡的觀點，而不是任由情緒起伏不定。即使沒來由地感到心很累，也要關照自己的情緒，對自己說些溫暖的話。緊張的時候，就告訴自己「原來我正在緊張啊。這件事對我很重要吧？所以，會緊張也是自然而然的事。」像這樣先包容自己吧。對狀況的判斷及因應，下一刻再做也不遲。

不受心理創傷壓抑的方法

遇到小問題時，只要他人能理解，我們心裡就會感到輕鬆一點，不過大問題也是如此嗎？遇到足以動搖個人生活的大問題時，同樣地，只要能取得別人的理解，就能獲得持續活下去的力量。

我曾經參加過一個讓性暴力倖存者們講述自己的經歷，或是進行朗讀詩歌、展示作品等各種展演的公益活動。因為活動當天剛好下雨，原本擔心出席者有限，但幸好有很多人來參加活動。而且原本預估參加者會以年輕女性居多，但出乎意料地，出席者有男有女，從十幾歲到上了年紀的人都有。

每個人輪流上臺，拿著麥克風開始講述自己的故事。一位女性談及她所經歷過的「性暴力文化」。當她六歲時，哥哥打了她的臉，讓她斷了兩顆牙齒。她的母親說：「一定是你去招惹哥哥才會這樣，不要再去招惹他。」父親也曾對她說：「最近的女孩子衣服都穿得太露，被強暴也是活該。」此外，如果拒絕男性的要求，就會聽到少自以為是這類批評的話；若接受要求，又會被說是賤貨。男性之間會將「別像個女人一樣」當成一種羞辱性的言語使用；遭受到性暴力時，也會聽到「不要那樣反應過度嘛。當作沒發生過吧」之類的話。講完以上的內容後，她接著又說，我們的社會普遍仍認為，被強暴有其合理的理由；並且補充道，社會上普遍認為性暴力似乎是女性才需要小心的問題，甚至彷彿是在捍衛強暴犯，譴責受害者。

一位中年婦女說她的母親直到八十歲時才吐露曾遭受過性暴力。她提議花一點時間來紀念那些甚至無法訴說暴力的前幾世代女性，活動現場的氣氛一度變得莊嚴肅穆。

另一位女性為了也許會遇到像自己一樣的性暴力倖存者，而隨身攜帶一封給性暴力倖存者的信，她朗讀了信的內容。這是一封以「給親愛的我以及全世界所有的倖存者」為開頭的信。

最令人印象深刻的是一名黑人女性的故事。這是一個關於她祖母的故事。她的祖母年輕時，身處白人男性能「開玩笑地」強暴黑人婦女，並且完全沒有任何罪惡感的年代。她祖母認為那是不對的，必須要修正這個錯誤才行，有一天她真的拿著棍棒揍了強暴犯一頓。然而在那個時代，只要單憑「未充分地尊重白人」這一條「大不敬罪」，就可以對黑人施加集體暴力，甚至連奪走黑人性命也不當一回事。祖母的父母害怕女兒遭到報復，為了將祖母送到安全的地方避難，讓祖母搭乘巴士獨自前往距離美國東部數千公里的西部。

雖然無法想像她後來經歷過多少困難，但祖母經常講述這個故事給孫女聽，並且一笑置之。祖母說，她並不後悔揍了那些傢伙一頓，那是她當時所能做的最大的抵抗，她很驕傲。

講述這個故事的女性現在是一名女性運動家和藝術家，她把祖母對她說的話傳達給我們。「不必對你的奮戰感到羞恥。不要責怪自己。你已經盡力而為，也辛苦了。你應該為自己感到驕傲，並且愛你自己。」

一名男性猶豫了一下，拿起了麥克風。他以顫抖的聲音說出他的朋友遭受到性暴力的事。他的朋友認為沒有人會相信他，也沒有人會幫助他，獨自飽受痛苦折磨。這位男性說他因此而來到這裡，希望能錄下一分鐘左右的故事帶給他朋友，成為朋友的力量。聽眾全都一致拍手並出聲說道：「我們相信你。我們支持你。我們為你加油。」

在參加這個活動之前，坦白說我有點半信半疑。一起講出被害經歷能改變什麼？只會讓可怕的記憶再次重演不是嗎？但就在那一天，我親眼目睹並確認了在表達自己想法時會發生的事，以及理解並應援他人的痛苦時所能湧現的力量。**痛苦受到理解及包容的人，能從被害者重生為值得驕傲的倖存者，更進一步重生為某人的救世主。**

根據研究心理創傷的心理學家克里斯托・帕克（Crystal Park）的研究指出，實際上不只是犯罪被害者，要克服重大疾病、所愛之人的離世等令人深受打擊的事件，就要從「理解」與「接受」開始。[28]與其忽略發生在自己身上的事，或是抗拒該事件的影響，不如對事件本身進行積極的解釋，藉此去經歷選擇自己的反應等過程，且認可原本不想承認的事實，其實也是生活中的一部分。重整自己的整體性後，我們才能不受到心理創傷壓抑，朝向未來邁進。

不要故意感情用事

雖然忽視明顯存在的痛苦或情緒是個問題，但是故意製造不存在的痛苦和情緒，也是一個問題。

早期的心理學家認為，為了平息情緒，特別是負面情緒，面對該情緒並反覆咀嚼每一個相關記憶的過程是必要的。因為經歷過家人或戀人離世、預料之外的事故、巨大失敗等衝擊性事件的人，自然會受到重大打擊或陷入深度悲傷，所以必須仔細挖掘出那些情緒。這些心理學家認為，當某個人經歷衝擊性事件，卻沒有在表面上顯露出悲傷情緒時，就是一種迴避或壓抑情緒的負面訊號。因此，必須讓他們將悲傷表現出來，或以多種方式介入，引導對方將當時沒能感受到，但一定隱藏在某處的悲傷或怒火發洩出來。29

不過出乎意料地，實際數據的研究顯示，有許多人（約百分之五十）即使經歷不幸的事，所表現出的悲傷也不會如預想般巨大，反而會呈現淡然地維持平常心的現象。30 當然，在一開始的幾週到幾個月還是會持續想起當時的情景，可能會注意力渙散；但在大多數情況下，這樣的症狀並不會持續下去，而是沒多久就煙消雲散。此外，吃飯、梳洗、工作、與人聊天等日常活動，大致上也不會減少，他們在悲傷之餘，還是能展現出與人交談、偶爾笑笑等享受喜悅的能力。

人們常說「留下」傷痕。正如此言，我們總會將情緒想像成堆積成山的某種堅固東西，認為情緒一旦來了，就會永遠在心頭盤旋不去。但事實上並非如此。對能夠自然找回平常心的人而言，再度回想已送走的情緒，或是咀嚼相關記憶等處理方式，反而會產生副作用。原本已經泰然自若地戰勝了它，但當有天某人又提起「這件事真是打擊太大了！」的時候，突然就會感覺這件事情變得更糟；相反地，一件讓人顫抖擔心的事，如果突然有「其實也不算什麼特別的事吧？」的想法，感覺似乎就真的不是什麼大事了。

面對衝擊性事件沒表現出太大悲傷或憤怒的人，常被說是冷血，但這其實是一種偏見。有一項針對離開所愛之人後，表現出相對平淡態度者與表現相反者所做的研究，是讓這些受試者周遭的人來評估他們是否是一個溫暖的人。調查結果顯示，兩組評估沒有太大差異。[31]不會陷入情緒中的人原本被預期會在之後表現出適應不良的狀況，但結果恰好相反，善於維持平常心的人會比不擅長者呈現出更好的適應力。

善於維持平常心的人會呈現出下面這些態度，㉜一如前述：即使處於不幸的狀況，也會偶爾微笑；懂得享受快樂，相信自己的人生有著重大的目的與意義，認為任何時刻都一定有自己能做的事；相信無論是好事或壞事，透過生活中體驗的所有事物，都能獲得學習及成長。如果你是一個善於維持平常心的人，就沒必要強迫自己引導出負面情緒。

專注於當下的練習

我們要怎樣才能清除複雜的思緒，並維持平常心呢？

有時候日子過於忙碌，我們會忙到連今天是星期幾、吃了什麼、跟誰見了面都快想不起來。我有時也會忙到搞不清楚稿子到底是今天寫的，還是昨天寫的；有時也會在跟別人說話時，突然因為想起「好像有件事得趕快做，但那是什麼事呢？」而走神，沒能好好聽對方說話，只好連忙道歉，詢問對方「請問您剛剛說了什麼呢？很抱歉我沒有聽清楚。」

當忙碌到無法分神時，不但會聽不到別人說的話，很多時候連自己的心聲也聽不見。連自己是抱持何種想法與心情在生活都渾然不覺。我們活著的唯一時間，不是過去，也不是未來，而是「現在」。然而包括我在內，有比想像中更多的人會對過去和未來感到擔憂，卻無法如實地活在當下。

當心緒獨自漂泊不定時，就可能會錯過此刻眼前發生的事情，或者內心所想的事情。此外，去擔心還沒發生的事情或已經發生的事，可能會讓你無法全力去做眼前自己唯一可以掌控的事情。

不僅如此，即使實際的日常生活相當平靜，但如果更常傾向於注意「想像中最糟糕的情景」時，想像就會彷彿化為現實一般。心理學家丹尼爾・吉伯特（Daniel Gilbert）等人的研究指出，不管所想內容為何，比起於不會這樣的人，無法集中專注於當下且經常胡思亂想的人更容易讓自己陷入不幸的情境，因而有更加不幸的傾向。[33]

超越時間和空間地後悔過去或擔心未來，顯然有助於身為高等動物的人類規劃及準備更美好的未來；然而與此同時，也可能導致人們付出諸如錯過「當下」等龐大成本。誠如馬克．利瑞所言，「人類是有思想的動物」這件事實，既是禮物也是詛咒。

如果想減少這個詛咒，該怎麼做呢？學者們針對如何讓不安定的心靈慢慢平靜下來，讓當下此刻得以充實的方法，以及其成效進行了相關研究，主要的發現如下：

方法其實遠比想像中簡單。散步時，專注於眼前的道路和樹木、草地，專注於一步步的腳步聲、於花草的味道等等。如同冥想般暫時閉上雙眼，坐下或躺下，專注於心跳及呼吸聲。

據說，只要將心靈淨空十幾分鐘左右，並專注於當下，就能提升成效，能夠減輕壓力、沉澱負面情緒，並做好心靈管理。[34]這項研究是近來心理學界中最蓬勃發展的研究領域之一。

乍看之下，雖然「冥想」常被認為是一件神祕且不可思議的事，但事實上，它更像是將你的注意力吸引到某處，而非集中在「當下此刻」的練習。因此，冥想有助於防止不必要的耗神與擔憂，讓現在的事情變得更好，有助於調節情緒及減輕壓力。

對我而言，靜靜地閉上眼睛的方式比較不適合我。因此，我採取的是散步時仔細觀察樹葉，或是在做最近學會的針織時，專注於針的移動等，專屬我個人的冥想方式。

時間充裕的時候，你可以心無旁騖地花幾天時間拚一千片拼圖，不必一定要閉上眼睛打坐。做一些自己喜歡的手工藝或散步等，只要是能清空自己的心靈與思緒的行為都可以。

最近我只要一天沒有淨空思緒，就會感覺生活品質急劇下降，這樣的時光是維持心靈平靜的必備行程。尤其在當你產生了自己並不是在生活，而是被忙碌拖著走的感覺時，暫時清空內心思緒，才能讓你找回將生活的韁繩掌握在自己手裡的感覺。

這麼一來，你才能知道自己所看重的一堆工作，事實上並不那麼重要；也才能領悟到，你曾認為非常重要、一旦失敗就彷彿人生完蛋的事，就算真的失敗，也並不是真有那麼大的影響力。

研究指出，一個沒有暫時放下日常繁忙的事，並整理思緒的習慣的人，如果能進行這種小小的冥想，效果更佳。[35]活動雙手做一些單純的工作，或是隨意走走等等，做什麼都好，培養一兩個能暫時清空思緒的習慣如何？如果你不掌控住自己的心，讓它天馬行空地到處亂跑，也不好好管理生活品質的話，生活品質就會下降。

05

支撐生命的，
並非
特別偉大的事

有用的人的標準

截至目前為止，我們已經談及了自我慈悲的三大基礎，包括寬以待己、認知所有人都有侷限和弱點、如實傾聽心靈內在的聲音。然而，儘管做出了這些努力，我們仍然飽受本質上的恐懼所折磨，那便是會擔憂：「我是一個有用的人嗎？」

我有一個朋友活得比任何人都努力。有一天，他對我說：「我想要成為一個有用的人。」我聽到這句話的瞬間，腦海中浮現了許多問題。

什麼是有用的人？這是由誰來定義？只要獲得某個人的認可就行嗎？還是需要得到許多人的認可？如果是這樣，那麼是否要爬升到某個地位，足以發揮很大的影響力後，才稱得上是有用的人呢？如果曾經一度被認可為有用的人，就已經足夠了嗎？或是還需要朝著另一件有用的事邁進呢？

如果沒用的話呢？什麼叫做沒用呢？如果沒用的話，該如何是好？沒用的人是指過著庸庸碌碌生活的人嗎？什麼是庸庸碌碌的生活？

其實我所拋出的這一連串問題，都值得我們好好地捫心自問，也就是思考一下自己的生活有什麼意義、自己為什麼活著等關乎本體論的問題。

仔細想想，從某些標準來看，我的生活似乎毫無意義；但從另一個標準來看，似乎又覺得有其意義。這個差異究竟從何而來？此外，當我覺得自己的人生毫無意義時，這反映的是絕對的事實嗎？亦或只是成為一個藉口，反映出我容易自怨自艾的習慣呢？

生命的意義不會在某天突然出現

一如前述，有時我們會害怕自己一無是處，認為一切都是自己的錯，覺得只要自己做得夠好，事情就會大功告成。這就是一種將問題根源歸咎於自己，因自責而自我設限的現象（問題都出在我身上，只要我做得夠好，一切都會圓滿解決）。

不過，即使我們承認有些事情自己無法控制，依然可以保有控制感，因為在任何狀況下，即使是再小的事，都還是會有我們力所能及之處。當然，這種特性並非理所當然，但的確有可能，而且我們確實也有相當了不起的地方。

第二次世界大戰期間，曾在猶太集中營歷經生死邊緣的精神科醫師維克多．弗蘭克（Viktor Frankl），在《活出意義來》（Man's search for meaning）一書中，有段特別令人印象深刻的部分❶，就是關於戰爭結束，從集中營獲釋後的故事。

從集中營獲釋的人，雖然一度認為所有苦難已經結束，未來將走向一片坦途，但事實並非如此。實際上，並沒有人歡迎他們，也沒有地方願意接納他們，許多人彷彿失去了人生目標，感到沮喪和憤怒。

這些人花了很長時間才意識到：別說有誰能理解他們曾經歷的艱困了，也不存在任何在被剝奪一切的現實中，足以撫平他們過去傷痛的補償。**弗蘭克說，如果生命是否有意義是依據環境來決定，那麼他的人生在一開始就毫無意義。**也就是說，他認為生命的意義不應該取決於軟弱而搖擺不定的東西。

然而，要一般人在任何情況下都不感到沮喪，並且知道自身的價值和生命的意義，事實上是相當困難的事。但幸運的是，仍有一種可行的方法。不論面臨任何情況，比起那些苛責自己的人，懂得寬待自己的人更能相信自身的價值並不會隨外在環境而改變，因為他們能夠以仁慈的目光來愛惜和照顧自己。

有陣子，我的身體健康出現問題，當時我儘可能不去糾結於病痛必須有其意義或補償。事實上，所謂的補償並不存在，這不是一開始就可以料想得到嗎？我不希望自己認為成為一名病患後，每天都是在虛度光陰，因為我擔心自己如果將這些時間都視為毫無意義，那麼將會遭受到相當大的打擊。所以，對我而言，最重要的就是要想方設法度過這段時間。

我為了度過這段生病的時間，想盡了各種方法。我找遍了所有我最喜歡的導演所拍攝過的電影，重新觀賞了一次，也成為一些新銳導演或演員的粉絲。我把之前擱著沒時間看的連續劇和動畫從頭到尾看了一遍，也看了許多漫畫和書籍。除了大量觀賞和閱讀之外，我也開始埋首寫作，並有幸藉此將許多想法和感受都訴諸文字。最重要的是，我能夠藉由這些行為忘記自身的病痛，日復一日地活了下來，我人生的每一天並沒有因病痛停下腳步。

弗蘭克也認為，由於他並沒有讓自己受制於「只要能夠從集中營脫困，一切就會變好」這種不切實際的想法，因此才能夠在被關在集中營時找到日常生活中的小確幸（例如：觀察火苗，感受夕陽的美好等等），讓日子不被痛苦所淹沒。因為，即使他受困於集中營，但還是可以擁有自己的感受、想法和體驗，因此並不會虛度時間，就算身在集中營也依然「活著」。然而，沒辦法如此思考的人，就會陷入認為生命毫無意義的真空狀態，成為行屍走肉；即使日後從集中營獲釋，依然無法過著幸福的人生。

所謂的找尋「意義」，似乎代表必須要獲得什麼偉大的成就，或顯著的獎勵才行。但如果生命的意義，真的取決於這種身外的豐功偉業，那麼當外在環境惡化的那一刻，我們將失去所有的意義，成為一個活死人。如果要維持一種不輕易動搖的生命意義，最重要的莫過於感受到「活在當下」，不是嗎？

在我長期的不滿之中

事實上，我長期以來都覺得生活毫無意義，而且習慣性地對人生感到失望；相較於開心與滿足，失望和不滿更簡單而令人熟悉。每當對現況不滿時，我總是會期待「會有更好的事情才對」，而且認為自己應該無條件地走向康莊大道，這似乎是不切實際又傲慢的想法。

我一度覺得，唯有畢業於名門大學、進入眾人稱羨的公司，或是聲名遠播等等，獲得光彩奪目又廣獲認可的成就，人生才會有意義。若是庸庸碌碌地過著平淡無奇的日子，人生似乎就毫無意義。由於一開始就將人生定義成如此，所以才會覺得平凡的日子太過索然無趣。

然而，輝煌的成就往往都只是一瞬間，平凡的日常生則占據了我們生活的大部分時間。如果認為人生的意義只取決於功成名就，那除非每天都得獲得新的成就，否則就很難感受到人生的意義。然而，由於我過去總認為平凡的時間沒有意義，所以生活中長久充斥不滿和不安，因為我無法在這樣的時光中好好過活。

後來，我偶然讀到了海倫．凱勒（Helen Keller）的自傳，深切地思考了活在當下的意義。❷我原以為同時失去了視覺和聽覺的海倫．凱勒，童年時期必定身陷痛苦和黑暗的深淵，然而事實並非如此。她的生活充滿了美好的感受，棉花的柔軟、小馬哈氣的辛辣味、玫瑰花輕輕放在手裡的觸感、沉重的露水、熟透的蘋果摸起來的感覺，種在同一個花盆裡但是長成不同大小的花蕾、小花的模樣、在掌心中吃著櫻桃的金絲雀……。

她覺得自己聞到和接觸到的一切都有意義，並沒有疏於從遇到的一切事物中尋找美好。「我用整個身心來感受世界萬物，一刻也閒不住。我的人生充滿活力，忙碌得彷彿朝生夕死的小昆蟲。」

活在當下的感覺，不正是如此嗎？

積極地去感受活著的意義

試著讓自己感受到活力，有益心理健康。光是澆花這個舉動，就能夠讓我們度過更健康、更快樂的一天。❸多項研究結果顯示，那些以充實而有意義的方式體驗生活的人，比起漫無目的活著的人更幸福，罹患各種精神疾病的機率和自殺率都比較低。他們即使上了年紀，也較少出現知能衰退的現象，並且可能更為長壽。❹

不僅是專注於生活本身，我們可以進一步思考，究竟有哪些活動可以讓我們感覺更積極地活著。卡繆（Albert Camus）認為是在閱讀和寫作時，托爾斯泰（Leo Tolstoy）則覺得是在親手做某事時，最能感受到自己存在的意義。❺如果從事一些能夠讓自己感覺活著的活動，就能更輕易地感受到生命的豐盈。不論是閱讀、寫作、深思、親手做東西、凝視天空、與人暢談等等，各式各樣的活動都好。

一如前述，最近我和朋友們開設了一個手作坊。在定期聚會時，我們會各自帶來任何可以親手製作的東西，諸如針織、摺紙、拼布、繪畫、拼圖等各式各樣的東西，然後天南地北地聊聊天。雖然只是簡單的聚會，但是我覺得生活品質因此提升不少，因為能夠一邊做自己想做的事情、一邊話家常，是相當令人舒暢的事。

起初我對於聚會時該做些什麼感到很傷腦筋，不過在偶然間讀到《愛在每一針》（Love in every stitch）[6]這本書，於是決定以編織為起點。這本書的內容主要講述作者在經營一家小型針織用品店時，所遇到的人的故事。

書中曾提及一位罹患癌症而離開職場的女性，厭倦了治療過程，覺得生命失去意義的故事。有一天，她突然想起小時候曾學過一段時間的針織，於是不論在醫院或在家裡，她都試著動手開始編織一點東西，然後漸漸地再次感受到針織的魅力，找回了生命活力的源泉。

還有另一位名叫莉迪亞的女士，最近因視力退化至幾近失明而感到極度不便和沮喪。她開始尋找自己究竟還能做些什麼，於是想到如果是編織的話，似乎就算看不到也可以做。起初她總是想依賴著僅存的一點視力來編織，但卻老是做不好；後來她改為以手去感受編織的過程，結果反而愈做愈好。莉迪亞認為，即使生活變得日益不便，但自己仍然可以編織這件事，讓她感到十分開心。這種小確幸看似微不足道，但是卻讓我們體驗到活著的感覺。

美國心理學家勞拉・金（Laura King）博士在一項針對生命意義的研究中指出，懂得在日常生活中發現許多小確幸的人，往往比其他人更能感受到自己生命的充實感和意義。❼尋找這些小確幸的行為，也被認為是可以讓生活更有意義的舉動。

越南僧人一行禪師（Thich Nhat Hanh）曾說，許多人不知道如何生活。❽你知道生活的方法嗎？

支撐生命的，並非特別偉大的事

經過數十年的研究之後，學者們發現，具備三大要素才能使人們感到自己的生命有意義，人生沒有白活。❾第一點是，覺得自己的生命具有某個終極目標的「目標意識（purpose）」；第二點是，感到自己的生命具有存在價值的「重要性（significance）」；最後一點是，認為世界具有自然運行的法則或道理，而自己正朝著具備「可預測性」（predictability）及「可靠性」（reliability）的方向發展。

要怎麼做才能有這三種感覺呢？看起來很難，但事實上並不會。上述研究提及，只要滿足下列各項因素，就有可能體驗到這些感受。❿例如：一邊享受美食，一邊和朋友們聊天等日常生活中的小確幸；自己動手做些什麼或培養某項興趣等，從事小小的生產活動所產生的成就感；憑藉自己的能力達成某項目標的控制感；照顧家人（包括育兒）、朋友或寵物等，幫助他人感受到的喜悅；成為某人的重要支柱所出現的價值感和意義感，以及深深沉浸於某項事物中的熱情……，透過這些生活中稀鬆平常的各種活動所感受到的情緒，都不亞於巨大的成就，也會使我們感到「我很幸福，我的生活很有意義」。一如前述，特別是當人生來日不多，或是面臨瓶頸之際，諸如與家人和朋友共度美好時光的這種小確幸，反而能比獲得巨大成就更讓人感到意義非凡。⓫

雖然我們總想著得完成一些偉大的事情才行，但尋找人生的意義，其實遠比想像中容易，也沒有什麼特別的祕訣。**據說，與其花時間苦思生命的意義苦，不如好好地飽餐一頓。**也就是說，好好處理日常生活中點點滴滴的小事，反而才是讓人感到快樂和別具意義的事。當你感到人生毫無意義時，找到某件可以一百八十度翻轉人生的事情來做固然不錯，但不妨試著先享受一頓美食吧。

在人生日益艱難之際，這些支撐日常生活的基本要素將更顯重要。根據一項針對曾經歷戰場而患有創傷後壓力症候群（Post-Traumatic Stress Disorder，ＰＴＳＤ）的退伍軍人的研究調查指出，在遭受過同等ＰＴＳＤ的退伍軍人中，能夠維持健康飲食習慣及適度運動的人，比無法保有健康生活習慣的人，更不容易產生想要自殺的念頭（與一般經歷過PTSD但較無自殺念頭者，達到類似的水準）。[12]同時，還有「壓力催眠者」（stress sleeper）這樣的名詞，意指當感到壓力時，就睡著的人。誠如此言，已經有實證研究發現，睡眠對減少情緒衝擊特別有效。[13]

每當我為某些事情傷透腦筋，連續好幾天焦頭爛額時，就會吃一塊超級美味的巧克力，或是乾脆好好睡上一整天，這樣就會感覺事情變得沒什麼大不了的。稍微花點時間追一下自己最喜歡的連續劇或看看電影，或者做些活動筋骨的運動，就能讓人找回生命的活力。然而，當這種基本的生活元素消失時，似乎就會讓人找不到退路。因此愈是感到吃力時，就愈要好好滿足這種生活的基本需求，這是非常重要的事。

瑣碎小事的意義所在

看似微不足道的事、只有一名聽眾的演講、獨自安靜度過的時間、擦身而過的緣分，這些事情都可能具有意義嗎？

某天，有位研究人員告訴我說，在今天的研討會中，除了一兩個人之外，沒有人注意在聽他發表的內容，他為此感到十分沮喪。聽完他說的話，我暗自想著「真令人尷尬」，不過我旁邊有一個人則對他說：「你今天就是為了這一個人而出現在那裡的。」我頓時對自己下意識出現的想法感到不好意思。只為一個人而進行研究發表，只為了一個人而存在，難道就毫無意義嗎？當我們習慣於以數字和多寡來衡量意義，就會逐漸喪失敞開心胸、以饒富興味的方式來看待人的意義。

我有一位朋友是非常喜歡窩在家裡的宅女。她曾經這麼說：「人們總認為我閒在家裡很無聊，苦口婆心地勸我不要足不出戶，這是因為他們並不知道我在家裡的日子可以過得多麼踏實。事實上，一個人可以做的事情不勝枚舉，也可以享有相當自在愉快的時光。請大家好好想想，只要是跟人有約，也都得請求他人為你預留自己寶貴的時間，不是嗎？」

誠如我的朋友所言，獨處的時間並非沒有意義，而是我們往往完全沒有感受到獨處的重要性（事實上可以稱為是與自己共處的時間），不是嗎？

有件偶然發生的小事一直留在我的腦海中，對我的人生產生了一些影響。這已經是十幾年前的事了。我曾經和某人爭執了許久，然後對方想了一下，認為我所說的話似乎也有幾分道理，於是對我說：「這個世界上的確也需要有想法像妳一樣的人。」那是個非常短暫的瞬間，後來這個人也忘了他曾經說過這一段話，但我在當時第一次學到了何謂尊重他人意見。如今，每當我遇到與自己意見相左的人，腦海中就會浮現當時的情景，並且認為對方的意見也有值得學習之處。

讓我們試著回想生命中各種記憶深刻的瞬間，比如：讓自己真切感受到活著的某件事、讓自己的存在變得有意義的某個人、獨處的時間、成為美好回憶的短暫緣分等等，這些雖然看似微不足道，卻彌足珍惜。

讓我活下去的人們

在讓人們感受到自己是有用的人這方面，人際關係發揮了重要作用。有個自己珍愛或是想要關心的人，也會成為我們想在這個世界活得更久的理由。

瑞士巴塞爾大學（University of Basel）的研究人員索妮亞・希爾布蘭德（Sonja Hilbrand）等人，在一九九〇年至二〇〇九年的二十年間，針對大約五百名年齡介於七十歲到一〇三歲之間的人進行追蹤調查。⓮根據調查結果，那些偶爾有幫忙照顧孫子（不包含全職代替子女養育孫子的情形），或是協助子女做某些事情等等，仍持續照料某人生活的老人們，往往比沒有這麼做的老人壽命更長。這種現象無關乎身體健康與否、年齡、社會、經濟條件等，都呈現相同結果。而且不僅是家族之間，樂於幫助他人的人，往往也會比不這麼做的人活得更久。

為什麼會出現這種情況呢？研究人員指出，有一種可能性是「助人的快樂」是我們的本能和基本的快樂源泉。許多研究結果證明，由於人類是一種社會性動物，會對「歸屬感」感到甜蜜，而對於「被邊緣化」則會感到宛如死亡般的痛苦。如果擁有良好的人際關係，就能活得健康又快樂；但如果遭受排擠或感到孤單，則會有損於健康，還可能毀掉幸福。

諸如時間和金錢這種珍貴的資源，比起用在自己身上，為別人付出會讓人感到更開心，而且更有意義；甚至還有一些研究指出，這對於提升自尊心也有不錯的效果。⓯透過與他人建立關係，不僅會讓我們產生歸屬感，也可以讓人感受到「自己存在的理由」及「我是個有用的人」。

一項關於「對死亡的恐懼」的研究指出，對死亡的恐懼由各式各樣的小小恐懼所組成，其中之一就是害怕與人們斷絕關係，也就是害怕被遺忘。⓰即使年歲漸長，如果依然與人們維持穩定而有意義的關係，能感受到人生的意義、還有活下去的理由，覺得還值得活著的話，我們應該也會想要在這塊土地上多停留一陣子吧？

有些重要的親朋好友，成為了我想要活下去的理由。其中有位總是喜歡開玩笑說

「妳快點好起來，才能養活我」的朋友。他曾說過想成為一個有用的人。別的方面我不敢說，但對我而言，他真是世界上屈指可數的好朋友。我真想告訴他：你對我而言，真的是十分珍貴而有用的人，無論你身在何方、做了什麼事，不管成就高低與否，你都是我最重要的支柱。

還有另外一位是跟我一樣，人生路走得跌跌撞撞的朋友，但是他卻能夠把積滿腹水、住院的經驗，或是服用各種藥品而造成副作用的情形，當成笑話一般跟我分享。有天傍晚，我在研究室裡跟一位學長排練演講內容時，這位朋友正好打電話給我，然後說「我得了癌症」。幾天後，我去醫院拜訪這位剛動完手術的朋友，當我看到渾身無力躺在病床上的他，露出笑臉來迎接我時，真的很慶幸他依然健在。「如果你不在，我怎麼活得下去？」幸運的是，這位朋友後來日益康復，而且比任何人都還努力地活著。我真想告訴他，光是他還是健康活著這件事，就值得感恩，感謝他為了維持健康和幸福所付出的努力。

還有另一位是在我人生中第一位聽我訴苦，對於難搞的我，總是回報以滿滿溫情的朋友。這位朋友就像我的母親一般。小時候，每當我因為漫不經心而被老師責罰的時候，她總是在我身旁一邊叨唸著我，一邊幫我收拾各式各樣的事情。直到如今，每次碰面時，她還是都會很貼心地帶巧克力、糖果、蘋果等等給我。有陣子我搬到芝加哥去工作，她還十分貼心地寄了厚厚的襪子和圍巾來。我想告訴她，在旅居國外時多虧有她，我才能夠撐過那段艱困的日子，不會感到形單影隻；而且要不是有她，在我的人生中，恐怕永遠不會知道何謂信任及依賴別人。

還有一位超級厲害的朋友，居然上過諾貝爾獎得主兒子的課，還接受過《華盛頓郵報》專訪，讓我跟諾貝爾獎得主之間的距離縮短了三步，跟《華盛頓郵報》的距離縮短了兩步，感到與有榮焉。當然這些都不是關鍵所在，重點是他在百忙之中，還願意聽我發牢騷（通常是些沒營養的話）；如果沒有特定行程的話，還會跟我一起去享受美食或是結伴旅遊。他是我在研究所時期，以及後來的日子裡，每逢我遭遇困難時都會伸出援手，對我而言獨一無二的好朋友。

託這些好朋友的福，我的人生中充滿了各式各樣的故事及快樂回憶，還有幸福感及活下去的理由。

帶給我笑容與力量的存在

有一天，在上卡倫．布魯斯（Karen Blues）博士的課時，他要我們回想一下對自己而言最珍貴的人，以及只要想起對方就會覺得很開心的人。我想著，最珍貴的人、最珍貴的人……，結果腦海中最先浮現的是我們家的小狗，其次才是我先生的臉。我告訴卡倫教授，由於小狗搖著尾巴跳入我的懷中，不停舔著我的模樣太過鮮明，所以我老公只能屈居第二。對我而言，只要一想到胖嘟嘟的小狗喘著氣跑過來的模樣，我就會不自覺地噗哧一聲笑出來。只要一想到牠，馬上就會覺得很幸福。

所以，能成為我們人生中快樂泉源及活下去的理由的存在，並不一定非得是某個人不可。最近英國利物浦大學（University of Liverpool）的研究員海倫・布魯克斯（Helen Brooks）發現，對於那些陷入困境的人而言，寵物可能會有相當大的幫助。[17]研究人員針對與寵物共同生活的精神病患進行一項調查，首先給受測者看一張三個尺寸大小各異、相互重疊的同心圓圖形，並請受測者依據他認知的各種關係的重要性高低，由內而外依序畫出來，結果大約有百分之六十的人會將寵物放在最重要的內部位置。

在後來的深度訪談中，受訪者解釋了寵物在他們度過艱難人生時所提供的幫助，包括：雖然家人和朋友都不可能二十四小時陪伴在我身邊，但是寵物卻做得到；雖然他人總是帶著有色眼鏡來看待我的病痛，但寵物卻只是單純的表達出對我的喜愛；即使在我想要斷絕所有的關係、一個人躲起來的時候，寵物也會幫助我不跟世界完全斷了聯繫；當我產生不好的念頭時，寵物可以幫助我拋下這些念頭；為了照顧寵物，我會想要外出活動，為了帶寵物出去散步，我也會跨出家門；寵物讓我的人生可以不斷地向前邁進，並且擁有了許多意義等等。這些說法我也深有同感。

一名因自殺未遂而在身上留下傷疤的受訪者表示：「（有別於人）動物不會去注意

到我手腕上的疤痕，不會過問我發生了什麼事，或我是怎樣的人。」有時候，動物比人類更能成為人類最好的朋友。

無論是人類還是動物，我們所重視的對象，通常是讓我們覺得自己可以為他們付出的存在。反過來說，他們也讓我們本身成為重要的存在。正是如此，他們才賦予了我們讓人生得以延續下去的力量。

只要心臟躍動，生命就有其意義

納爾遜．曼德拉在他的自傳中說，他並不知道自己什麼時候會為人權而戰，也不知道下定此決心的正確日期或契機；但在他回過神來時，就發現自己已經為自由而奮戰了。⓲正如此般，我總會有這種在不知不覺間投入某件事，回過神來才發現的經驗；做一些能感受自己心臟躍動的事情，這樣的經驗往往對我們認為人生充實與否有著重大影響。換句話說，生活的目的會使我們的人生變得更有意義。

幸福感和意義感通常會相伴而來。一般而言，幸福的人通常比其他人更加認為自己的人生沒有虛度且別具意義。[19]然而令人遺憾的是，人生無法總是完美無缺。有時會發生意想不到的不幸事件，讓我們飽受巨大衝擊；偶爾我們原本做著自己喜歡的事情，卻會在邁入下個階段時，發覺到任憑自己再怎麼努力，事情都已經失去意義，並且感到自己無能為力。不過，愈是遇到這種情況時，那些具有目標意識的人，愈會比那些沒有目標意識的人更能克服困難。[20]

畫家梵谷生前不論在經濟、肉體及精神上，都遭遇到許多困難。我曾經讀過這樣飽受折磨的梵谷寫給他弟弟的一封信，這封信的開頭這麼寫道：[21]「如果你發現我太常寫信給你，也不要覺得奇怪。因為每天畫畫這件事讓我覺得很幸福，才想要寫信告訴你。」

原來梵谷過得很幸福呢！我原本以為梵谷會在信中吐露自己的畫賣不出去、身體又不好，日子過得如何吃力云云；然而出乎意外地，梵谷的信中充滿了他對繪畫的喜愛與熱情。

「我開始畫畫了。這是一片草綠色的平原。（……）太陽在畫布的中間升起。在淡紫色的薄霧中，你可以看到深紫色的雲朵和被半掩著、只露出紅色邊緣的太陽。太陽帶著紅橙色和鵝黃色，在這草綠色的平原之上，與淺藍色的天空融為一體。我畫下了太陽的姿態，以及各式各樣閃耀著淺藕荷色或灰色光芒的雲朵。」

單是看這樣的描述，似乎就能想像出那幅畫的模樣。沒有比談論自己所喜歡的事情，更能讓人感到興致勃勃而滔滔不絕了。透過信件，我們得以從字裡行間稍微一窺梵谷的生活，那真是充滿了學習、喜悅和熱情，洋溢他對繪畫的喜愛，以及對自然的敬畏和敏銳的色彩感受。別的我不清楚，但繪畫很顯然是梵谷的生命泉源。由於有了繪畫，才能讓梵谷在艱辛的生活之中，獲得足以支撐自己的力量，不是嗎？

一如繪畫之於梵谷，能夠讓你的心臟躍動，不論再怎麼困難也能夠持續向前的事情是什麼呢？即使現在腦海中沒有浮現任何東西，那也沒關係。或許我們的人生，就是一條用來找出這件事的漫長道路。

一成不變的日常生活何以重要

人類基本上是一種渴望意義的動物。自出生於世，開始逐漸塑造自我人格的那一刻起，我們就追求著人生的意義。正如我們開始學說話時，會不停的問「這是什麼？」「那是什麼？」提出一連串關於這個世界和自己周遭的疑問。

成年之後也是如此。即使是含糊不清、微不足道的刺激，我們都非得解讀成具有某種意義不可。宛如硬要從月球表面找出一隻搗藥的玉兔，覺得自己發現了某個祕密似的；就連隨機畫下一些黑點，我們也喜歡把它們連起來，找出像是人或是動物的形態，然後嘖嘖稱奇。

偶然發生的事情也被解釋為是命運的安排，認為「這莫非是上天的啟示嗎？」如果夢到豬就一定要買彩券（註：在韓國認為夢到「豬」象徵偏財運）；認定只要自己看轉播球賽就會輸，所以只要遇上重要的球賽就不看轉播。

一如前述，這種硬是將無關對錯與否的事，加上自己的解釋和因果關係的現象，其實相當多也相當常見。人類這種動物，會為了把未知的事情儘量導引成「可知的事情」，而去找出一個說明或解釋；也就是說，人類是一種會尋求意義的動物。㉒

為什麼會出現這種現象呢？在人生中，雖然有一些經歷的事件和周遭的生活環境，是我們可以提前預測和控制的，但也有很多事情並非如此。我們並無法篤定明天會發生什麼事。然而，如果我們找到了這種不規則生活中最接近的原則，或許就能相信「啊，我可以依據這些原則來生活。」獲得相當大的慰藉。

了解世界運作道理的信念，也能夠提高一個人的自信心和操控感。例如，對於所支持的球隊在比賽中的輸贏，也就是自己幾乎無法發揮影響力的事（完全沒有操控能力的情況），也有人可能產生這樣的想法：「我上次看了轉播，所以球隊就輸了」然後自行解釋成這次可以透過「不看轉播」的行為，在一定程度上控制結果。

在勞拉．金與其同事的實驗中發現，人類對於這種不規則和沒什麼特別原因的事情，也會用「其實原因就在於此」來自行解釋，並認為自己的人生具有意義（生命的意義感）。23

研究人員將條件加區分，給受試者觀看各種隨機的刺激（例如：沒有規律的樹木照片或無意義的單字組合），或是具備一定規律的刺激（例如：依春夏秋冬季節順序出現的樹木照片，或是能以共通聯想連結特定單字的單字組合）之後，再請受試者想想自己的人生有什麼目的和方向、人生是多麼無用或重要以及生活有什麼意義等等，評估自己對於人生的意義感。

結果發現，觀看過有規律刺激的人，似乎更會覺得自己的人生正朝著正確的方向前進，並沒有虛度。**當我們了解自己所處的世界和環境——也就是說，當我們覺得世界不是混亂無序，而是有其運行道理時，就會覺得身處其中的自己的人生更有意義。**

在這種脈絡之下，研究人員發現，日常生活中可預測和有規律的部分，例如：每天早上喝一杯咖啡、每天經過的上下班路徑、定期碰面的人等等，這些乍看之下無關痛癢的事，卻可能是賦予我們人生意義的重要因素。也就是說，必須存在一些可以毫不費力地預測、合乎原則的部分，才能讓我們覺得人生過得很踏實，並且產生安全感。

如果昨天太陽六點升起，今天變成是十點；昨天搭的公車走這條路，今天又換了另一條路；昨天老闆這麼指示，今天完全大翻盤等……假如人生完全沒有規則可尋，寸步都無法預測的話，我們一定會承受相當大的壓力。如此一來，別說是領悟出生命的意義了，我們恐怕會覺得人生簡直一團糟。

一成不變的日常生活，雖然偶爾會讓我們感到厭煩，希望加以忽略；然而，不也正因為有這些恆常不變的規則，才讓我們能夠有自信地活著嗎？例如：不論在任何情況下，太陽總是會升起；只要搭地鐵二號線，就可以去新村；連續劇總是很有趣等等。因此，即使有些不盡人意的事情，日子也總是大同小異，總是會有自己可以著力的事情。**如果我們依據自己的人生準則行事，則無論何時都能夠有跡可循。**這就是一成不變的日常生活何以重要的原因。

單一事件無法詮釋整個人生

當發生困難時，我們往往會覺得自己的人生一無是處。我們要如何擺脫這種感覺呢？

我有一位好友戰勝癌症而活了下來。一聽完我對他說「你是癌症倖存者耶，真了不起」，他就回應道：「是的。這絕對是一件大事。但我不想把自己定義為癌症倖存者。」這樣的回答真是令人印象深刻。他所想表達的可以視為，雖然因罹患癌症而飽受折磨，的確是他人生的重要經歷之一；但與其只用單一事件來詮釋整個人生，他認為自己是一種更宏觀、更廣泛的存在。

正如此般，相較於以單一事件來定義自己，**認知到自己其實是超乎這件事、更加宏大的存在，自己才是定義這件事的主體，這點相當重要。**

根據心理學家克里斯托・帕克（Crystal Park）及其同事的研究，經歷過心理創傷

（trauma）事件後，將該事件視為構成自己的核心事件，自認為無法擺脫的人，會比其他人更難以從這件事情中逃離。[24]

另一方面，相較於自我概念單一的人，會比自我概念多元的人，也就是那些會以大量可用資訊來定義「我」的人，更容易感到沮喪。例如，在美國心理學家派翠夏・林維爾（Patricia Linville）的研究中，提出了如下觀點。無論是成為一個好媽媽、績優員工、傑出的研究人員等其中之一，都是實現自我價值的方法；但如果其中一個重要角色崩壞，我們就會認為「我」這個人也隨之瓦解。這也就是說，人其實是透過想像來自我實現。[25]一旦我們將生活的一部分視為人生的全部，即使只是微不足道的失敗，也可能讓我們嚐到宛如天崩地裂般的挫敗感。

不過，具有多元自我概念的人，在遭遇相同失敗時比較不會受挫，因為他們知道，即使這件事情自己做得不好，但生活中還有很多其他值得開心的事。

當我們面對生活中的各種事件時，不妨這樣想想？有一本名為「我」的書，每當發生各式各樣的事件時，書籍的頁數都會逐一添加；但這些時間要放在這本書的哪個章節，完全是由自己來決定。隨著頁數增加，這本書也會變得更富饒趣味，更具有深度。即使其中有幾頁內容看起來稍嫌凌亂，也無損整本書的價值，而且我們還可以用新的一頁來取代它們。

那些擁有多元自我概念的人，能明白生活是由比自己想像中更多樣化的經驗和特性所組成。就如同以磚塊穩固地建造出一間堅固的房子，我認為不管是好經歷還是壞經驗，都能堅定地支撐著我。也就是說，即使許多磚塊的其中一塊出現刮痕，房子也不會嘩啦啦地瞬間倒塌。

人生不知何時走到終點，你要這樣活下去嗎？

「你的時間是有限的，不要浪費時間為別人而活。不要被教條困住，不要活在別人的思考框架之下。最重要的是，要有跟隨自己的內心與直覺的勇氣。它們早已知道，也會告訴你，你真正想成為什麼樣的人。其他一切都是其次。」

這是二〇〇五年，賈伯斯（Steven Paul Jobs）對史丹佛大學畢業生致詞演說中的一段話。㉖在這之前，他被診斷出自己的生命只剩下六個月。人一旦瀕臨死亡，想法就會有所不同。因此，死亡，亦即生命的有限性，是賦予生命意義的另一個重要因素。

回想起我身體健康極差的時候，當時除了攸關生死的問題，諸如工作、成績、是否受人矚目等等，看起來都變得微不足道。我還記得那時，因為想不透自己平時為何對這些事情如此執著，而啞然失笑。

事實上，當我們經歷過生死關頭，或藉由思考死亡來提醒自己生命的有限性時，看待人生的觀點或態度也會有別於既往，產生相當大的變化。最明顯的差異，就是會發現與其順從他人的意思，不如活出自己所期盼的人生，並且認為自己的幸福更為重要。㉗

此外，除了致力於忠於自己的情感、讓自己感到愉快和幸福的事情之外，也會表明不想做自己不想做的事情。人際關係也是如此。當我們與人相處時，總是會傾向和可以讓自己開心的人碰面，而且還會克服種種時空環境的限制來下決定。[28]

此外，這也會讓我們表現出自己的人生並未虛度，且具有某種重要性，以及想尋找人生意義的傾向。我們會比以往更希望與家人和周遭的人建立親密關係，傾向去照顧他人、樂捐或從事社會志願服務。這種現象宛如電影《小氣財神》中的守財奴史古基（Scrooge）。在故事中，他在遇到聖誕精靈之後，審視了過去、現在和未來的自己，然後心生悔悟而洗心革面，搖身一變為慈祥和藹的老爺爺，這又被稱作「史古基效應」（Scrooge Effects）。[29]

對於經常讓我們聯想到死亡的人，例如老人，我們總會有些偏見，認為老化是件不幸的事，但事實並非如此。如果社會、經濟因素和健康狀況都還不錯，老年人往往比年輕人更快樂，更忠於自己而活。[30]

如果你的生命只剩下一年的時間，你會想做什麼呢？當我們活得忙碌不堪又壓力爆表，卻不知道自己的人生該何去何從時，不妨問問自己這個問題。

在小說《無聲告白》（Everything I Never Told You）中，女主角一輩子都遵從周遭的期待而活，結果失去了自己的真實樣貌。有一天，她終於領悟到不能再過這樣的生活，決定從現在起要活出真正的自己，可是卻很快就因意外而失去了生命。[31]

雖然很不願意承認，但原本就很難以預測生命會在何時以何種狀態結束。如果一再延遲自己追尋理想人生的時機，或許只是提高自己以目前狀態迎向生命終點的可能性而已，不是嗎？

06

守住底線，會更幸福

稍微拋開填滿內心的自我

一般人雖然會期盼家人朋友等自己所愛的人能一帆風順，但並不希望他們過得比自己更好。特別是在自己想要大展身手的領域，許多人通常無法忍受家人或朋友表現得比自己更優秀。❶至於自己沒有真的很想涉獵的領域，則不介意別人做得比自己好。

在自己在意的領域，如果家人或朋友表現得比自己更出色，那麼即使沒有明目張膽地詆毀他們，也會暗自貶損。例如以「有那麼重要嗎？」的口吻，來降低事情的重要性；或是說出「你家庭環境那麼好，而且又有天生的資質啊！（本來就能輕易做到）」之類的話來貶抑他人的功勞。不然就是突然和那個人保持距離，試圖在該領域的其他細節上做得更好，藉此維持自尊心。

經研究結果證實，在參加重要的修行活動時，一旦知道朋友做得比自己好，在並排而坐之際，人們就會有坐得離對方遠一點的傾向。❷正如此般，這種無論交情再好，人們都無法忍受別人表現得比自己優秀的現象，顯示出我們連人際關係也是以自我為基礎（在無意識的狀態下），將其用以強化與支撐自己。

以下是某位朋友告訴我的故事。他曾經就讀於競爭十分激烈的科系，好不容易才跟某人結為好友；但有一天，對方卻告訴他再也不能和他做朋友了，理由是「我發現你的成績比我更好」。

當然，這個故事多少有些極端；但在重要領域，當我們知道朋友的表現比自己更傑出的時候，不管是什麼形式，我們多少都會感受到威脅，這種情況相當常見。在人際關係方面，我們也會不斷確認自己比別人更好，或至少不會比較差，這種人類的自我意識到底是什麼呢？

人類基本上是相對脆弱的動物，甚至連在親密的關係中，都不允許有人對自己產生威脅，宛如活在「以自我為偶像的國度」，並且稱霸一方。**我們總不自覺地和他人比較，活得戰戰兢兢；心裡總想著把要關係搞好，但更多時候是抱持對自己的擔心。**我們總是苦惱著「我應該更受歡迎」、「我應該表現得更棒」、我應該更討人喜愛」……。

但一如前述，我們可以放下老是想要表現突出，或想高人一等這種優越感作祟的慾望，對自己說些溫暖的話、關愛自己。人際關係也一樣。**只要稍微拋開心中所填滿的自我，就能建立更幸福健康的人際關係。**

什麼是你人生中最後悔的事？

一般人會在什麼時候感到後悔呢？與此相關的各種研究結果中，出現了工作／學業、人際關係、興趣等讓人感到後悔的內容。如果將調查結果加以分類，並且觀察其出現的頻率可以發現，有些調查顯示對戀人、朋友、家庭關係等感到後悔的人最多；有些調查則顯示對工作／學業感到後悔的人更多。不過，刊登於《社會心理學與個人科學》（Social Psychological and Personality Science）雜誌的研究指出，有別於後悔的頻率，

在後悔程度上，對成就或工作感到後悔者，遠低於對人際關係感到後悔者。❸

研究人員依據條件進行分類，請受訪者分別寫出人生中最強烈、普通和稍微感到後悔的事情；或者是讓受訪者寫出一件讓他後悔的事情，再根據其內容是與工作或人際關係有關等進行分類，然後評估後悔的程度。結果顯示，在強烈感到後悔的事情中，與人際關係有關的項目遠超過與工作有關的項目。

對工作和學業等成就的後悔，也可能對周遭的人產生不良影響，或是會讓人覺得有礙於獲得他人的認可和喜愛；而且愈是這麼想，後悔程度也就愈強。也就是說，無論表面上的內容如何，愈被視為是有害於關係的事情，愈會令人感到後悔不已。那些想要與人建立良好關係、希望受人喜愛的人，相較於其他人，更容易在很多事情上感到後悔。

後悔能顯示出我們最看重日常生活中的什麼事。也就是說，愈是重要的事情沒處理好的時候，我們愈容易感到後悔。

人類是難以動搖的社會動物。❹不是單純成群結隊的動物，只要被周遭稍微排擠，自尊心和對人生的意義感就會一落千丈。孤獨是可以用來預測罹患大多數致死疾病機率和病情惡化可能性的重要因素。我們害怕被家人、好朋友等世界上所有的人背叛、憎惡、誤解或排斥，這種社會性殺人，就像物理性殺人一樣讓人感到恐懼。此外，就算給一個人再多的錢，如果要求他一輩子都要獨居，不能與任何人交流的話，恐怕也鮮少有人能夠欣然接受。

另一方面，如果我們獲得別人的稱讚，或是受到歡迎，就會感覺飄飄然。正如數十年來幸福相關研究的結果顯示，影響人類感到幸福與否的最大因素，就是擁有良好的人際關係。人類就是這樣的存在。

對於將共同生活、在生活中被愛視為與生命同等重要的人類而言，對人際關係產生強烈的後悔，或許是理所當然的事。尤其，也很多人的後悔是來自沒能給予他人愛，這對於只想要獲得關心和喜愛，而不是付出愛的我們而言，有著重要的啟示。當我們不只是為了擁有才去付出時，或許會感到更幸福也說不定。

只為自己而活的關係很危險

我們常會發現自己執著於各種人際關係；有時也會討厭孤獨，害怕一個人。但如果我們執著於透過人際關係來得到好處，只是為了「我」的話，那最終我們可能會變得更加孤獨。

由於我從小就經常轉學，所以沒有很要好的朋友。往往在好不容易覺得稍微適應了環境後，就得馬上搬到別的地方，重新再結交新朋友，所以時常感到很孤獨。在彼此已經親近的孩子之間，獨自當個陌生人，會讓人產生許多疏離感。那種被孤立的感覺讓我十分痛苦，所以我總是拼命地想辦法要快點交到朋友。

可能是因為早已體會到被邊緣化的痛苦，即使升上國中和高中，我也總是想方設法不讓自己孤單一人。我還常常夢到搭巴士去郊遊時，只有自己一個人孤零零地坐著的噩夢。

或許正是因為如此吧？我交朋友時並不是以真心喜歡那個人，或是想了解對方做為基礎，而是「只要能接納我的人」，我就與之親近。這與其說是希望藉由建立深厚的友誼和對方共同成長，不如說是因為我不想要隻身一人。

我總是渴望建立深厚的關係，但卻又吝於給予對方任何關心。我完全不在乎對方是什麼人，只關心「我」，只在意自己是否受人喜愛、能否排遣寂寞感。就像這樣，我所追求的關係只有我自己的位置，沒有對方的位置。

根據《性格及社會心理學雜誌》所刊登的一項研究指出，所謂的歸屬慾望，亦即想與人建立良好關係、想受人喜愛的慾望，主要可分為下列兩種。[5]

一種是「成長取向」（growth orientation），這是基於想要更瞭解對方，並透過良好的關係一起成長，所以親近他人的情況；另一種則是「避免匱乏取向」（deficit-reduction orientation），這是指為了排遣自己的孤獨和空虛，為了不要形單影隻而建立關係的情況，建立關係的理由和目的也就各不相同。我可說是屬於後者。

從研究結果來看，不論成長取向和避免匱乏取向，都與想與人建立親密關係的慾望有關，但兩者之間的差異頗大。成長取向與相信自己的人際關係不會輕易動搖的自信感，以及善於表露內心的傾向相關。相反地，避免匱乏取向則與這些特性無關，取而代之的是希望得到別人的關注，與喜歡跟別人比較、渴望擁有人氣有所關聯。

此外，成長取向高的人，社會焦慮（在他人面前感到緊張等）程度較低，孤獨感也低。相反地，避免匱乏取向高的人，社會焦慮和孤獨感都較高，而且自尊心也較為低落。

成長取向高的人，無論是走近人群，或是與人進行情感交流，都能體會到彼此相互信賴的感覺。但對於避免匱乏取向高的人來說，雖然也會有想親近他人的慾望，但卻會害怕進行深入的情感交流，並且相當擔心別人會討厭自己。這種人的幸福感也很低。

常言道，施比受更有福，懂得給予的人更能建立健康的關係。這項研究結果似乎也證明了此言不假。曾經有一首歌的歌詞提到，「我心中有太多的我，沒有你立足之地」。如果你只是為了填滿自己的空虛，而建立起宛如黑洞般的關係的話，那要不要稍微放下想避免匱乏的慾望呢？

「愛」在學術上的定義為何？

令人遺憾的是，在我們周遭有許多人誤以為愛一個人就是為對方犧牲奉獻、無怨無悔，分手後又會做出一些傷害對方的事，還辯稱是「因為太愛你才會那樣」。更叫人驚訝的是，居然很多人吃這一套。為什麼像這種「因為愛而傷害對方」的話，明明有違常理，卻又能被接受呢？

一般來說，人們所謂的「愛」混合了兩種要素：之一是希望自己愛的人幸福，所以會毫不吝惜地給予；之二是希望自己幸福，並且期待從對方身上獲得許多東西。學者們將前者稱為「愛」，後者則是「執著」。❻**如果我的想法和行為不僅是為了我，也是為了對方著想，那就是愛；但如果並非如此，而是把自己的需求擺在第一位，那就是執著。**

一般人也懂得區分愛情和執著嗎？美國伊利諾州立大學（Illinois State University）

心理學家雷蒙·貝格納（Raymond Bergner）將愛情故事製作成許多版本提供給參與測驗者。不過在各個版本中，他將愛情的諸多因素（為對方的幸福而努力、信任、尊重，親密感等）分別都省略掉一個。研究結果發現，人們認為：如果在各種因素中少了特別為對方幸福而努力的部分，那就不算是愛。❼對此研究人員指出，這顯示出一般人認為「愛」的核心，就是努力追求對方的幸福。那麼將「因為愛而讓對方痛苦或不幸」合理化的理由，究竟從何而來呢？

我曾經跟朋友討論過因為太愛而傷害對方的辯解何以成立，有位朋友認為：「愛情不應該是執著和束縛，而是希望對方幸福，不是嗎？」也就是說，以愛為名而傷害對方，難道不就是因為自己的慾望得不到滿足才報復對方嗎？這麼做只不過是為了減少自己的孤獨感，或是為了發揮某種影響力而利用對方罷了。所言甚是。但似乎還是有不少人認為，單方面展現出自己的慾望，是無可厚非的事；或是認為自己可以任意向對方表達情感，並認為這就是愛，真是令人扼腕。

擺脫依賴關係的方法

一如之前提及的我那位宅女朋友的故事，一般人總是認為「一個人在家能幹嘛」，然後自以為好心地規勸別人不要待在家裡閒著沒事，不如外出走走等等。也就是說，人們經常把獨處的時間視為毫無用處。然而，擁有完整的獨處時間，其重要性並不亞於與他人相處，因為在忙碌的社會生活中，獨處可以提供我們機會去發現易於丟失的自我本質。

做為社會性動物，我們從走出自己房門的那一刻起，就會受到周遭的影響。不僅會盲目地贊同或服從多數人的意見，而且對於「人生該怎麼過」的根本性問題，也會承受到來自周遭的壓力。

例如，愈是生活在愛管閒事的集體主義社會，就愈會把個人生活當作公共財產，宛如擁有別人的人生股份般，所有人都會對別人的人生大放厥詞（要不要結婚生子、要從事什麼樣的工作……）。這造成置身於集體主義社會中的個人，比處於個人主義社會中的個人，更容易受到周遭左右，也更容易去做並非出自本意的事情，或是出現被迫結婚的現象。[8]

體驗優質的「獨處時光」相當重要，這不僅是為了擺脫社會壓力，也是為了瞭解如何與自己和睦相處。研究結果顯示，對於非常害怕孤獨的人來說，為了不落單，他們對任何關係都會很執著，最終也有很大的機率陷入低品質的關係之中。[9]**也就是說，比較不害怕孤單的人不會太執著於關係，因此可能建立更健康的關係。**

以社會性動物而言，人際關係對生存和幸福發揮著至關重要的作用，適應不良的關係，也會帶來相當巨大的負面影響。因此，選擇優質關係的能力非常重要。而這種能力在某種程度上，是透過獨立的自我來培養，能避免自己過分依賴關係。

我似乎也是在比較不害怕獨處之後，才學會和他人站在同等立場建立健康的關係，也才擺脫「那個人如果討厭我怎麼辦？」、「這次的關係又破裂怎麼辦？」的想法，以及害怕自己會受傷，擔心自己的寂寞無法排遣的憂慮。

害怕獨處而瑟縮不已的時候，哪怕對方只是稍微不合你意，我們也會認為對方怎能如此對待自己，因而埋怨、討厭對方。例如，對於自己一個人做會感到有點尷尬和討厭的事情，如果對方提議和對方一起而被拒絕，心裡就會大發脾氣。但仔細想想，對方的時間也不是都被我包下來，這樣任性地期待對方，只會徒然讓自己感到失望和憤怒而已。

如今，我對獨處的恐懼感已經逐漸減輕，情緒像坐雲霄飛車一般起伏不定的情形也大幅減少。**因為我終於明白，能夠填滿自我本質上孤獨感的人，就是和我最親近、能聽得懂我內在心聲的「我」**。現在我就算一個人也能感到幸福，受到關係轉變而影響生活品質的情形也大幅減少。

守住底線，會更幸福

受到無謂的傷害是否也源於自我中心呢？一如前述，當我自己請求被對方拒絕，我們就會認為「是因為我沒出息，所以對方不喜歡我」。然而，實際上的原因可能不一而足，但許多人卻非得要把問題變成是因「我」而起。何不想想，也有可能對方並不是因為我才拒絕的吧？真的一切都是因為我的緣故嗎？

位於美國北卡羅萊納州的性暴力受害者援助中心（Orange County Rape Crisis Center）曾以孩子為對象，進行有關「身體主權」的教育。⓾他們教導孩子了解「我的身體完全屬於我，所以如何使用身體只有我自己才能決定」。例如，教導孩子如何明確表達自己的意願，即使父母要求說「親一下叔叔／阿姨」，如果自己不喜歡，就可以說：「不要，我不想。我只想跟大家打個招呼就好。」也就是說，這是在幫助孩子從小明確地建立起「自己身體的使用權」。

對父母方面，則會教導父母不要剝奪孩子的身體使用權。例如，不要隨便說「親一下叔叔」之類的話，並且要協助孩子自然表達出不喜歡的意思，也教導父母尊重孩子對自己身體的決定權。

這項教育的宗旨之一，是希望落實承認彼此身體自主權的文化，使人們自然而然地意識到在性關係中獲得同意的重要性。事實上，十多歲的青少年最常見的性暴力形態就是「如果交往到這種程度，就應該發生性關係」。由於男友和周遭朋友的壓力，經常發生強迫自己接受有違意願關係的情況。

因此，從小培養孩子不受制於周遭壓力、足以決定如何使用自己身體的力量，除了能完全掌控自己的身體，也要尊重他人身體的掌控權是完全由他人自主，這就是此教育的目標。目前，關於從小開始的教育能夠預防多少性暴力的研究，也正在活躍進行中。

和身體自主權相同，**人人都有屬於自己的底線（boundary）**。每當我看到人們不懂得互相尊重，就會感到很奇怪。然而，卻有人認為唯有允許他人侵犯，才能算是個好人；如果坦白說出不快的感受，就會被認為是刻薄的人。

比如說，如果別人拒絕握手或擊掌，與其想著「他討厭我嗎？」或是「那個人怎麼這麼刻薄」，不如去思考「原來這是那個人的底線」，輕輕帶過如何？因為我們也會期待自己的底線能夠受到尊重。

一項研究指出，在以高親密度為前提的戀人關係上，每個人所希望的程度也不同。雖然無法擁有自己想要的親密感也是問題，但當親密程度超過自己所期待的水準，也可能產生關係品質不佳而造成分手可能性大增等諸多問題。⓫

我周遭有位朋友認為，每週和戀人通話兩三次、見面一兩次最為合適。他覺得跟戀人共度的時光固然很美好，但是一個人安靜度日也不賴。他還說，平常自己屬於「一日合理人流量」較低的人，如果在一起的時間太多，反而會降低生活品質。

另一個人則說，要每天打幾個小時的電話、互傳訊息、每天看到對方的臉，才會感到幸福。就像這樣，每個人所期待的關係緊密度都不太一樣。正如研究所指出的，如果不能好好維持各自的底線，人們就會感受到壓力，生活品質和關係滿意度也會下降。

以我自己為例，我對美國人經常以擁抱的方式打招呼感到有點彆扭。不久前，有位一起聊過天的工作人員問我，妳願意接受一個擁抱嗎？我說不好意思，我不太習慣跟別人擁抱。這並不是因為我討厭那位工作人員，只是不習慣肢體接觸而已。對於我的回答，那位工作人員表示：「別說什麼對不起，就是考慮到妳的感受，所以才會先問過妳。」他這種願意尊重我身體自主權的態度，讓我感到十分舒坦和安全。

我還不太習慣主動去詢問對方的底線，並予以尊重。有時候如果馬上遭到拒絕，我也會感到不悅。但至少我知道：**這並不是因為我做錯了什麼，只是踩到了對方的底線而已；如此一來，似乎也能減少許多無謂的傷害。**

不要害怕被愛

有些人只要變得幸福就會感到恐懼。「因為太幸福了，所以很害怕。」就像現在的幸福一樣，人們會感覺很快就要發生不好的事情；當這種不祥感日益嚴重的時候，就會認為自己不該幸福，這就是所謂的「快樂禁忌現象」（taboo on pleasure）。⑫

同理可證，有些人雖然平常渴望得到愛情，但一旦感覺被某人所愛，就會心生恐懼。在過去曾因關係而產生不好的記憶，所以如果關係深化（像以前一樣），就認為將會出現痛苦的矛盾或感情破裂。特別是曾經處於虐待關係中的人，比起喜悅，更傾向於認為愛情是一種威脅。[13]

或許是為了逃避原本不錯的關係遭到破壞的恐懼，他們寧可故意與愛情保持距離，這樣就不會停留在不好的關係中。

我也曾會在與他人的關係開始加深之際，感受到不亞於喜悅的偌大恐懼。我會認為：「那是因為對方還不了解我，所以才會喜歡我。一旦他認清我這個人，就會馬上變心。」一股腦地先去想像著這種關係可能變質，最後導致關係毫無進展，或只是試圖透過維持現狀來保護自己。

為了去預防可能不會發生的壞事，故意甩掉好的關係，最後雖然沒有發生不好的事情，但也不會出現好事。然而，當時我滿腦子都充斥著自己沒有資格被愛，而且人心說變就變的想法。

有些研究人員對於這種現象很感興趣。例如：英國德比大學（University of Derby）

的心理學家保羅・吉爾伯特（Paul Gilbert）及其同事，就留意到那些害怕愛情的人，並且投入研究。[14]他們針對一萬四千四百四十二名大學生和五十九名心理諮詢師進行問卷調查。結果顯示，有些人回答，如果受到他人親切對待，會讓自己提起警戒心，並感到慌亂或不安，然後試圖與他人保持距離。調查結果也指出，這些人同時也會感到恐懼，當有人對自己表現出親密感，就擔心對方若是看到自己的真面目就會感到失望；或是認為對方沒有理由對自己好，一定是在打什麼鬼主意，因而產生不信任感。

一個有趣的事實是：被別人所愛的恐懼，與被自己所愛的恐懼密切相關。換句話說，那些無法承受他人溫暖和親切的人，也很難對自己採取溫暖的態度，而且會出現自我批判的行為。

他們認為，對自己採取寬容及溫暖的態度，會加速自我的弱化；而且認為如果自己感到幸福，很快就會有不好的事情發生。所以無論是來自自己還是來自他人，他們對所有投注於自己的關心，都表現出拒絕的傾向。整體而言，他們表現出不允許自己幸福快樂的態度。

研究人員認為，無論來源為何，都會有能夠接受對自己溫暖的人和無法接受的人；而像這樣不允許自己變得幸福、不懂得自我寬容的人，可能也不太會接受別人的愛。唯有對自己寬容，才能夠好好地接受別人的愛。**也就是說，無論這份愛是來自於別人還是自己，唯有允許對自己的關愛，才能體會到真正的愛。**

因此，「如何對待自己」再次成為一個重要課題。事實上，那些懂得善待自己和自我寬容的人，相較於無法如此的人，更能締結良好的人際關係。他們通常情緒穩定，不太容易發脾氣，也不會過度執著於對方、試圖隨心所欲地掌控對方。⓯

那些懂得自我寬容的人的伴侶，相較於其他人，會在關係維持上擁有更多情感交流，也會產生更多被愛和獲得支持的感覺。⓰研究人員認為，由於他們較少有需要透過關係來彌補自身不足或填滿欲求的傾向，因此能建立優質的人際關係。

懂得接受愛，才能擁有愛。所以還從自己開始做起，給予自己無條件的愛吧！身為自己交往最久、最親密的朋友，感受一下自己對自己深切的關愛和憐憫。首先要告訴自己，這份愛既不虛偽，也無須害怕，而是一件非常美好的事。

即使相愛，也需要保持平衡

哪些人能夠穩定地給予愛及接受愛呢？心理學家把人類透過關係所締結的依附型態大致分為三大類。[17]亦即「安全依附」（secure attachment）、「抗拒依附」（insecure-resistant attachment）、「逃避依附」（insecure-avoidant attachment）。根據依附形態的差異，關係中的行為模式也會有所不同。

一般而言，與過去的養育者或戀人等對自己相當重要的人之間，曾有毫無保留地交流情感的豐富經驗的人，與其他人相比，在給予及接受愛的過程中較不會出現尷尬或恐懼的傾向。這種依附型態就是所謂的「安全依附」。

相反地，由於過去的傷痛或其他各種原因未能形成安全依附的人，無論是在給予或接受愛情上，都會表現得相當吃力。他們會出現抗拒依附及逃避依附的情形。

抗拒依附型的人往往希望得到他人的愛，但卻欠缺自己足以被愛的自信。因此，他們總是害怕別人會討厭自己，並且容易執著和依賴於那些可能喜歡自己的人。他們在關係中往往沒什麼主見，很容易被牽著鼻子走。

相反地，逃避依附型的人相較於並非此類型的人，會表現出不信任他人、對關係感到厭煩的傾向。他們不想依賴任何人，認為只有自己強大才是唯一的出路。而且在這個過程中，也會形成認為別人都很卑劣，自己卻很了不起的自我膨脹心態。

在一項以戀人為對象的研究中，分別向受試者提出難題，然後提供他們「現在你的另一半非常緊張，感到很疲憊」的資訊，接著觀察不同依附型態的人是如何照顧對方。[18]

結果顯示，安全依附型的人比其他人更願意對戀人說出溫暖的話，且不吝於給予建議，還表現出願意代替對方解決難題的樣子。也就是說，安全依附型的人會適當地表現出情緒支持、實際協助、犧牲自我等，並且在整體上自然而然表現出愛惜對方、尊敬對方的舉動。

相反地，抗拒依附型的人雖然會對對方的困難深表同感，但在給予幫助時，希望被對方或周遭視為「好人」這種以自我為中心的目的，多少佔了上風。他們雖然想幫助對方，但會因為缺乏自信而一直猶豫不決，最終沒能給出適當的建議。或在不需要幫助的情況下，盲目地想要幫助對方，結果會讓人感覺像是在干涉或是耍賴，讓對方感到不舒服。整體而言，抗拒依附型的人在照顧對方時會表現出強迫和不安。問題解決後，也有許多人會表現出因為沒有充分給予對方幫助，或是做出刻意行為而後悔的樣子。

逃避依附型的人與抗拒依附型的人不同，比較不關心對方的困難，也不怎麼能產生共鳴。當問及是否願意幫助有困難的對方時，他們表現出奉獻或犧牲的意願最低。安全依附型或抗拒依附型的人如果收到戀人正感到痛苦的訊息，會因為擔心戀人而無法集中於自己的課題，但是逃避依附型的人由於不關心對方，所以表現出良好的集中力。他們覺得求助或依賴的態度是一種「軟弱」的表現，並且加以漠視。

除了安全依附型的人之外，一方是對關心和愛情的欲求過大，想要完全滿足他人的需求（抗拒依附型）；另一方則是無視於他人渴望得到關愛和認可的歸屬感，未能將其視為關係來經營，而是想以另一種手段來處理，兩者都會讓關係出現裂痕。整體而言，我認為都可歸咎於平衡的問題。

加州大學戴維斯分校（UC Davies）的心理學家菲利普・謝弗（Phillip Shaver）等心理學家認為，「自我滿足感」（sense of self-sufficiency）是安全依附型者的重要特徵。[19]這種類型的人不會因為獨處而感到過於寂寞或是不安，就算隻身一人，也懂得如何幸福度日。因此，他們在經營關係時，也不會希望藉由他人來消除孤獨或獲得安全感，而是為了透過共同生活來讓彼此更幸福、更快速地成長，亦即是為了更加自發、有相互性的目的才做這件事。

此外，他們不僅是對自己，對他人也能懷抱深刻的理解與仁慈的態度。即使情況惡化，周遭無人伸出援手時，他們也懂得自我安慰及自我照顧，並且能夠以溫暖的態度對待他人。基於這一點，菲利普・謝弗教授也表示，那些懂得自我寬容的人，可說是安全依附型的人。[20]

不要隨著他人的情緒起舞

我有個朋友總是嚴重貶低自己，不停地說自己一無是處，跟這個朋友在一起時，一方面覺得他很可憐，另一方面心裡也很不安。總是會想著：在這麼苛責自己的人眼裡，我究竟算是怎樣的人？隱約之中覺得是否自己也還差得遠，然後跟著一起鬱悶起來。

如此苛責自己，會不會導致將嚴格期待的高水準，也擴及到他人身上呢？似乎這種逼迫自己的人愈多，我們的社會就會漸漸成為將非人標準的要求視為理所當然的冷酷社會。與其對所有人都嚴格要求，何不想想人非聖賢，孰能無過，即使有所不足也沒關係，如果能夠抱持同理心並予以支持，豈不是好事一樁。

事實上，對於自己的不足或失敗，如果能抱持「本來就會有這種事」的想法，寬容地予以接受，不僅有助於自己的精神健康，也可能為他人的幸福做出貢獻。刊登於《正向心理學期刊》（Journal of Positive Psychology）的一項研究顯示，那些懂得以溫暖態度面對自己缺點的人，不僅對自己，對他人的不足之處也能夠展現寬容的態度。[21]

人們在對他人伸出援手時，多少會有一些盤算。若是得知需要幫助的人是因為自己的錯誤而陷入困境，或者對方是與自己不同人種的話，就會出現比較不願幫助他人的現象。但懂得對自己寬容的人則不會出現這種現象。**因為他們知道每個人都可能會犯錯，同時也知道溫暖和親切的態度是每個人都需要的。**

此外，相較於其他人，懂得自我寬容的人較少因對方的狀況而感情用事，也就不易因此感到疲憊。同理能力會有一個限制，就是當人們過度產生同理心，而導致移情作用時，可能會加速情感耗損。亦即愈是容易產生共鳴，就愈容易感到深刻的痛苦。因此，同理能力愈強，就愈容易出現這種因「同理心過度激發」（empathic over arousal）而想要自我保護的傾向。有時候，相較於其他人，同理心超群的人更容易出現無視艱難狀況或他人之苦惱的現象。因為對於他們而言，遭遇這種情況本身，就是一種非常痛苦的情感折磨與可怕經歷。

因此，有些學者認為，在是否能引發人伸出援手方面，情緒調節能力扮演了重要角色。實際上，當對方遭遇困難之際，情緒調節能力不佳的人往往會一起陷入悲傷或不安中，而無法好好地協助對方；但是善於調節情緒的人，則能夠迅速擺脫痛苦，並專注於協助對方上，此現象也已經獲得證實。[22]

但神奇的是，在懂得自我寬容的人身上，卻很少出現同理心過度激發的現象。從根本上來說，由於這種人能夠自然地接受生活中的困境，所以也不會對他人的困難感到極度痛心，而是如同看待自己的困難一般，表現得相對坦然。也就是說，在面對生活中的各種不幸時，懂得自我寬容的人可能會比較超然。

另外，即使不愉快的情緒湧上心頭，比起被捲入其中，他們更懂得好好地接受它；由於懂得自我安慰，所以也較少出現無法承受情感上的痛苦而逃避的現象。因此，相較於他人，懂得自己寬容的人更能夠積極地對陷入痛苦的人伸出援手。

一如前述，馬克．利瑞所認為，苛責自己可能是種用以先獲得譴責他人資格的行為。[23]如果是因為認為「只要做不好，就該受到譴責」而譴責自己，那麼最終也會如此對待他人。然而只要是人，不論是誰都會有大大小小的缺點和不足之處，當這種缺陷暴露時，比起加以譴責，能夠以溫暖的話語給予鼓勵和支持的存在，對任何人而言都相當重要。同樣地，我們也需要給予自己和彼此溫暖。

我們都有可能犯錯

世界上擁有各種不同信仰的人真的很多。例如：主張地平說的「地平說學會」（Flat earth society）這類認為氣候變化是假議題的人們，以及認為除了自己所信仰的宗教以外，其他宗教都是錯誤的人們；甚至也有些明知是錯誤的信念，卻仍堅信不移的人們。除了這種相對特殊的案例之外，許多人也傾向認為別人是錯的，唯有自己的意見才正確無誤。

如果完全以某種根據為基礎，主張自己是對的；那麼當該根據可能有錯時，應該要能毫不猶豫地更正自己的意見才對。然而令人遺憾的是，這種情況並不常見。因為在很多情況下，「我所相信的事實」比根據更為重要。**彷彿「某種意見＝我」，一旦這種意見動搖，自我本身就好像也會跟著動搖。**

因意見相左而爭吵的諸多情況，基本上源自於將意見視為自我的問題。我們會為了一點小事而賭上自尊而與人爭辯。總認為自己的意見若是有誤，就會被當作是自身的缺失，所以有時便會將修正意見視為一件有損自尊的事。

但既然是人，就不可能博學多聞到無所不知，對於某些事情的判斷難免會出現錯誤。此外，現有的根據和發現，也可能隨著時間的流逝，在後來被發現並不正確。無論自己本身如何，所能瞭解的知識勢必有限，所以「錯誤的可能性」也確實存在。

最近，在馬克・利瑞等人的研究中顯示，有些人較善於認知到自己不可能總是對的，有些人則不然。研究人員指出：「智識謙遜」（intellectual humility）的差異，對於自己對相異意見的態度和判斷具有重要影響。[24]

研究人員先詢問受試者平時對自己出錯可能性的想法為何，接著讓受試者們分別閱讀有關各種宗教優點的文章、缺點的文章，以及同時介紹優缺點的文章，然後對文章的信任度和寫作者是什麼樣的人進行評價。結果顯示，智識謙遜程度較高的人，比較「少」出現認為自己的宗教觀點優於其他人的傾向。

而且，他們不會因為自己讀過的文章與自己的信仰有所出入，而降低該意見的可信度。也就是說，雖然彼此觀點不同，但如果他們認為言之有理，就會加以接受。另外，在對人（撰文者）的評價方面，智識謙遜程度較高者對於撰文者的評價，也較少出現認為對方是「不道德」或「冷漠的人」等意見；也就是說，他們對不同想法的人也較少留下不好的印象。

在同一項研究中，又讓受試者閱讀兩篇有關牙線使用的文章。一篇是透過科學及醫學根據，說明使用牙線的好處；另一篇則是以個人經驗為依據，而不是用專業理由來說明。

結果顯示，智識謙遜程度高的人比其他人更信任以專業為根據的主張，對於以個人經驗為根據的主張則表現出不太信任的傾向。他們重視明確的根據，並透過根據判斷信賴與否。也就是說，他們知道如何區分訊息值得信賴與否。相反地，智識謙遜程度低的人在信賴專業性文章和非專業性文章的程度上，並沒有顯著差異。

如果我們能夠具備智識謙遜，接受任何人都可能理解錯誤、人人都可能犯錯，並營造出不因某人犯錯就加以嘲笑的文化的話，是否能夠稍微減少因意見不同而排斥他人，或是始終堅持錯誤意見的現象呢？

當他人的錯誤傷害到我的情感

世界上有些事無法清楚區分對錯，但同時也存在著明顯錯誤的事情。當面對明顯有誤的事情時，我們該如何因應呢？

二〇一五年，白人至上主義者迪蘭・魯夫（Dylann Roof）持槍闖入美國一間黑人教堂進行掃射，造成三十三個人傷亡，犯下令人髮指的罪行。這個事件本身固然令人震驚，但讓我個人更感到震撼的部分，則是事件遇難者的家屬流著眼淚說，他們會原諒加害者的場面。

「我因為你失去了世界上最珍貴的人，我的生活不會再像從前一樣，但我原諒你。希望你能夠藉此贖罪、悔改，希望你的靈魂得到救贖。」[25]受害者家屬說出了這段話，他們表示願意原諒迪蘭．魯夫，希望他的靈魂得到拯救，他們這種寬大的胸襟實在令人驚訝。雖然我們總說「對事不對人」，亦即就算憎惡他的罪行，也不要憎惡這個人，但一般人來說似乎不可能。這些受害者家屬的超然力量究竟從何而來呢？我一方面感到疑惑，一方面也覺得原諒那樣兇殘的罪犯，是否有違正義？

心理學家勞拉．湯普森（Laura Y. Thompson）表示：「寬恕與和解這兩者之間並不相同。」[26]寬恕是屬於個人的內在過程，而和解則是關係的過程。即使在想起對自己造成傷害的人時，能夠抑制住血壓飆高、心臟狂跳的內在反應，也不一定就代表要和對方重新和睦相處。

此外，寬恕並不是就此饒恕對方或免除其責任，因此執行正義也是兩回事。研究指出，犯罪受害者寬恕對方時，通常會有如下的心理。[27]「我原諒你，希望你不要白白浪費這個機會，虛心地付出代價，悔改後重新做人。」**也就是說，受害者只是從個人對加害者的憤恨或不滿的情緒中抽離，而不是免除了犯罪者應該擔負的責任。**

其實，面對於一個既不認罪，也看不到有任何對錯誤負責的行為的加害者，恐怕很難誠心地加以原諒。實際的研究顯示，若要獲得寬恕，往往必須具備幾個條件。[28]第一，不要縮小事件的重要性或損害程度，而是應從受害者的經驗和觀點出發來談談那件事帶給受害者多大的衝擊和負面影響；第二，不要以「如果讓你這樣認為，那麼我很抱歉」的說法，將自己當成與事件無關的第三者，說得好像是受害者太過敏感導致；第三，明確表達那件事確實是自己的錯誤和責任，唯有真心的道歉和負責任的行為，才能得到真正的寬恕。

另外，寬恕不僅適用於原諒他人，也能運用於諒解自己，還有寬恕命運或不幸等自己無法控制的情況，這三者通常會同時出現。[29]許多遭遇過大小災害的人會覺得「是不是我也有錯？」、「要是我小心一點，不就沒事了嗎？」等，抱持微妙的罪惡感，然後出現自我譴責的現象。如果周遭的人說出「應該是因為你做了些什麼吧」、「所以本來就應該小心一點啊」等話語時，也會助長受害者的罪惡感。在這種情況之下，自我諒解與減輕焦慮或抑鬱症狀等精神層面的健康，有著密切的關係。

整體而言，對他人、自己、不合理情況的寬恕，能夠減少反芻思考（rumination）、後悔、報復心和攻擊性、發火、不安及憂鬱等負面情緒。由於長時間發脾氣有害健康，因此也有人評估認為寬恕能對健康產生正面影響。

勞拉．湯姆森指出，寬恕是在因意外事件而摧毀了原有的家庭、期待和世界觀時，對自己、對方、世界的重新確立理解的過程。另一位學者則認為，寬恕是從不公正的事件和對自己造成傷害的人身上，獲得感情上的獨立，重拾情緒不受對方影響的淡然態度，也是重新找回自己人生的過程。

迪蘭．魯夫事件的受害者家屬也指出，雖然原諒他之後，生活並沒有回到從前，不過他們也藉此放下了已發生的事，得以繼續向前邁進。**總而言之，寬恕不就是將自己一**

度破碎的生活和情感加以封存，重新站起來的過程嗎？

長時間埋怨和憎恨某個人，是一件相當辛苦的事情。當你對某個人感到憎恨時，若能儘快找回平常心和冷靜的頭腦，就能夠宏觀地看到真正的問題，以及該怎麼做。尤其是面對隱藏在社會各個角落的不公不義，需要長期抗爭的問題時，唯有找回冷靜的頭腦，才不會輕易耗盡能量，也才得以持久抗爭。

不過，就像某部美國影集曾出現的對白：「寬恕是對方所給予的，不是你能得到的。」[30]若是施加壓力在對方身上，說出諸如「都已經做到這樣，你還不肯原諒我嗎？」或是「已經可以原諒他了吧？」之類的話，其實是不對的。因為不論原諒與否，都是當事人才能決定的事。

若是不好的關係，就果決斬斷

寬恕代表控制自己的情緒和擺脫不必要的情緒耗損，而不是與犯錯的人和解。換句話說，寬恕並不是在饒恕傷害自己的人之後，若無其事地跟他繼續相處。

我曾讀過一篇由從小長期受父母親虐待的女性所寫的文章。[31]由於過去的記憶，她一直生活在抑鬱和焦慮之中，長大成人後也苦思良久，不知該和父母親保持什麼樣的關係。她一方面對父母親懷著留戀之情，另一方面卻仍然感到不自在和憤怒。

經過長時間的思考，她才意識到應該跟父母親保持著什麼樣關係，那就是「不要保持任何關係」。如此一來，她才能得以在一定程度上放下過去的憤怒，讓怒火不再主宰自己，也才能專心地照顧自己。當她決定自己取代未能擁有的父母親，說出「我要成為自己的父母」的獨白時，讓我留下了深刻的印象。

雖然我也一度完全無法理解和討厭某些人，但如今再回想，我已能充分理解是對方的缺失，以及自己的不足共同造成了當時的人生敗局。但我並不想回到從前，只想遠離這段關係。**像這樣決定不再產生任何關係，也是一種重要的的關係決策。**

如果像日常生活的小過失一樣，是完全可以改過的事情，或許還無關痛癢。但對於會讓人留下一輩子心理創傷的關係，優先選擇一條自己不會崩潰、讓自己的情感和心靈恢復平靜的道路，才是明智之舉。

健康關係的核心是共同成長和獲得幸福。雖然不能只有自己幸福，但也不能只有對方幸福。若是在某種關係中感到不幸，就應該想想自己是否處在無法得到幸福的死胡同裡，是不是到了應該改變方向的時機。

美國喜劇演員艾米．舒默（Amy Schumer）在其自傳《腰後有紋身的女孩》（The Girl with the Lower Back Tattoo）一書中，講述了關於親密關係的暴力。[32]艾米遇到了一個男人，彼此很快地陷入熱戀。但不知從何時起，這個男人開始貶低艾米的言行，並且干涉她的穿著和行動。雖然有時他還會大聲喊叫，做出一些威脅性的舉動，但艾米總認為，那是因為對方太愛自己的緣故。

由於這個男人並非時常表現出暴力傾向，所以艾米覺得只要自己稍微忍耐，並且配合對方，不再惹他生氣就沒什麼問題。她一度堅信自己所遭遇的處境，並不是「親密關係的暴力」。

但在某個瞬間，自信滿滿的艾米突然發現，自己居然認為「如果沒有這個男人，沒有人會喜歡像我這樣的人」。她這才明白，一直以來她都因為害怕被這個男人發現自己落魄的一面，而一直被他踩在腳下。她如今才發現自己已經落入對方的圈套之中。

不論幸福的多寡和程度，只要感受到一點情緒或肉體上的折磨，這種關係中肯定會發生虐待的情形。如果折磨持續不間斷，這種關係就是一種虐待的關係。艾米指出，約會或家庭暴力無關乎社會地位，可能會發生在所有女性身上，就算以前不曾發生過這樣的事情，也不保證以後就不會發生。

我們應該具備的心態

許多人都對謙虛的人抱持好感。一項研究結果顯示，謙虛的人比不謙虛的人更容易獲得信任和尊敬。[33]

通常一提到謙虛，就會想到放低自己的身段態度。「唉呀，沒有啦！我沒什麼了不起。」或許正因為如此，謙虛看似與小心謹慎或不抱自信的態度有所關連。但心理學家瓊．坦尼克（June Tangney）則認為，謙虛的人是比較能夠準確地看待自己，而不是消極地看待自己。

通常會低估自己的人，即使原本的能力指數是七，卻會自認為只有四；實際上完全可以做到的事情，卻會產生「這不是像我這樣的人做得到的事」的想法，出現連試都沒試就放棄的副作用。相反地，對於自己的實力過度樂觀的人（實際能力指數是七，卻自認為有十），則會出現只要是我來做就辦得到，對於失敗的風險或問題都加以漠視，導致產生不好的結果等副作用。

但謙虛的人則非如此，他們既不會過分低估，也不會過分高估自己。對於自己做得到的事情，他們會認為自己完全可以做到；對於可能做不好的事情，他們也會承認事情並不容易。

另外，謙虛的人不會刻意讓自己看起來完美。❸❹對自己的缺點（不符合應偉大的自我的部分），也不認為是一種羞恥，或是應該隱藏起來。所以在遭遇失敗時，他們並不會顫抖地認為「我的缺點曝光了，該怎麼辦？」而是會想說「現在能知道真是萬幸，以後再改善就行了」。

謙虛的人的另一個特徵，就是不太在意別人的目光。❸❺由於他們一開始就比較不會想將自己包裝成一個了不起的人，所以也不會因別人不認為自己是個優秀的人而感到憤怒，也不會因某人領先自己而感到飽受威脅。

最後，謙虛的人也較不會將時間都花在關注自己。❸❻比起高估自己的影響力，認為世界一切都是由我主宰，他們更能清楚了解到，實際上不可能所有的事情都操之在我。因此，他們也鮮少後悔或擔心「原本該這麼做的……」對於無法改變的事情，他們也不會無謂地操心。

- 精確的自我認知，不低估或高估自己。
- 不為任何人都可能擁有的缺點感到羞恥。
- 不為了成為看起來完美無缺的人，而花費大量時間和精力。
- 明白世界不是以我為中心運轉，沒有理由一切都因我而起。

這些不都是我們時常在某處看到的特性嗎？其實這就是在我們能夠對自己採取寬容的態度、放下不切實際的期待，即使跌落谷底，也能對自己投以溫暖視線時自然會隨之而來的特性。正如此般，自我寬容也與謙虛息息相關。

結語

現在起，讓我們放下自我吧

「淪為自我的奴隸而痛苦的活著。」

這不就是使我和我的人際關係變得痛苦的原因嗎？仔細想想，我之所以會苛責自己或是自我詛咒，都是因為我成為了自我的奴隸的關係。這是我在過去的幾年裡，透過對自我的寬容，以及瀏覽關於自尊及人際關係的研究，而得到的體悟。

羅克珊・蓋伊（Roxan Gay）的書《飢餓：我身體的回憶錄》（Hunger：A Memorier of（My）Body）中有如下這麼一段話：「雖然我們認為自己的身體不過是一個臭皮囊，不覺得它很美麗，但還是會覺得它愈來愈順眼。身體這東西如果美麗固然很好，但其實只要具備該有的功能，讓穿著這身臭皮囊過活的我覺得很舒服，不就好了嗎？」

我們的自我也是一樣。雖然我所看到的自己，並沒有比別人更特別、更優越、更有魅力，但只要自己覺得沒關係，我現在過得很舒服，並能夠珍惜像空氣般填滿自己人生瑣碎時光的事情的話，我們的自我不就很健康了嗎？何不妨溫柔地對自己說：只要這樣就已足夠，這段日子以來，我已經做得很棒了。雖然是頭一遭面對人生，所以未來難免遇到困難，但之後也請多多指教了。

最後，我要衷心感謝充滿洞察力的馬克．利瑞（Mark Leary）博士，他是我的導師，也是傑出的心理學家，在這本書也數次登場。他透過好幾次的會議提供我許多建議和鼓勵，謹以此書由衷致上謝意。

參考文獻

前言

1. Wood, J. V., Elaine Perunovic, W. Q., & Lee, J. W. (2009). Positive self-statements: Power for some, peril for others. Psychological Science, 20, 860-866.

01 為什麼你總對自己特別嚴格？

1. Robins, R. W., Hendin, H. M., & Trzesniewski, K. H. (2001). Measuring global self-esteem: Construct validation of a single-item measure and the Rosenberg Self-Esteem Scale. Personality and Social Psychology Bulletin, 27, 151-161.
2. Crocker, J., & Park, L. E. (2004). The costly pursuit of self-esteem. Psychological Bulletin, 130, 392-414.

3. Crocker, J., & Park, L. E. (2003). Seeking self-esteem: Construction, maintenance, and protection of self-worth. In M. R. Leary & J. P. Tangney (Eds.), Handbook of self and identity (pp. 291-313). New York: Guilford Press.

4. 與2相同。

5. Leary, M. R., & MacDonald, G. (2003). Individual differences in self-esteem: A review and theoretical integration. In M. R. Leary & J. P. Tangney (Eds.), Handbook of self and identity (pp. 401–418). New York: Guilford Press.

6. Tice, D. M., & Bratslavsky, E. (2000). Giving in to feel good: The place of emotion regulation in the context of general selfcontrol. Psychological Inquiry, 11, 149–159.

7. Ross, M., & Wilson, A. E. (2002). It feels like yesterday: Self-esteem, valence of personal past experiences, and judgments of subjective distance. Journal of Personality and Social Psychology, 82, 792-803.

8. Vohs, K. D., & Heatherton, T. F. (2004). Ego threat elicits different social comparison processes among high and low self-esteem people: Implications for interpersonal perceptions. Social Cognition, 22, 168-191.

9. Suls, J., Martin, R., & Wheeler, L. (2002). Social comparison: Why, with whom, and with what effect？Current Directions in Psychological Science, 11, 159-163.

10. Baumeister, R. F., Campbell, J. D., Krueger, J. I., & Vohs, K. D. (2003). Does high self-esteem cause better performance, interpersonal success, happiness, or healthier lifestyles？Psychological Science in the Public Interest, 4, 1–44.

11. 與5相同。

12. 與5相同。

13. Steger, M. F., Kashdan, T. B., Sullivan, B. A., & Lorentz, D. (2008). Understanding the search for meaning in life: Personality, cognitive style, and the dynamic between seeking and experiencing meaning. Journal of Personality, 76, 199-228.

14. Mauss, I. B., Tamir, M., Anderson, C. L., & Savino, N. S. (2011). Can seeking happiness make people unhappy？Paradoxical effects of valuing happiness. Emotion, 11, 807-815.

15. Neff, K. (2003). Self-compassion: An alternative conceptualization of a healthy attitude toward oneself. Self and Identity, 2, 85–101.

02 從現在起別再自我批判

1. Cross, K. P. (1977). Not can, but will college teaching be improved？New Directions for Higher Education, 17, 1-15.

2. Crowe, A. (2013, July 15). 24％ of drivers admit to coming close to causing an accident while texting. Retrieved from https://www.cheapcarinsurance.net/24-of-drivers-admitto-coming-close-to-causing-an-accidentwhile-texting/.

3. Brown, J. D. (1986). Evaluations of self and others: Self-enhancement biases in social judgments. Social Cognition, 4, 353-376.

4. Pronin, E., Lin, D. Y., & Ross, L. (2002). The bias blind spot: Perceptions of bias in self versus others. Personality and Social Psychology Bulletin, 28, 369-381.

5. McKenna, F. P. (1993). It won't happen to me: Unrealistic optimism or illusion of control ? British Journal of Psychology, 84, 39-50.

6. 與3相同。

7. Sande, G. N., Goethals, G. R., & Radloff, C. E. (1988). Perceiving one's own traits and others': The multifaceted self. Journal of Personality and Social Psychology, 54, 13-20.

8. Leary, M. R. (2004). The curse of the self: Self-awareness, egotism, and the quality of human life. New York: Oxford University Press

9. Hewitt, P. L., Flett, G. L., & Turnbull - Donovan, W. (1992). Perfectionism and suicide potential. British Journal of Clinical Psychology, 31, 181-190.

10. Leary, M. R., Brown, K. W., & Diebels, K. J. (2017). Dispositional hypo-egoicism. In K. W. Brown & M. R. Leary (Eds.), The Oxford handbook of hypo-egoic phenomena (pp. 297-311). New York: Oxford University Press.

11. Muraven, M., Shmueli, D., & Burkley, E. (2006). Conserving self-control strength. Journal of Personality and Social Psychology, 91, 524-537.

12. McElroy, T., Dickinson, D. L., Stroh, N., & Dickinson, C. A. (2016). The physical sacrifice of thinking: Investigating the relationship between thinking and physical activity in everyday life. Journal of Health Psychology, 21, 1750-1757.

13. Lovell, J. (2013, July 31). George Saunders's advice to graduates. The New YorkTimes. Retrieved from https://6thfloor.blogs. nytimes.com/2013/07/31/george-saunderssadvice-to-graduates/?smid=tw-share&_r=0.

14. Hirsh, J. B., Mar, R. A., & Peterson, J. B. (2012). Psychological entropy: A framework for understanding uncertainty-related anxiety. Psychological Review, 119, 304-320.

15. McCoy, S. K., Wellman, J. D., Cosley, B., Saslow, L., & Epel, E. (2013). Is the belief in meritocracy palliative for members of low status groups? Evidence for a benefit for self - esteem and physical health via perceived control. European Journal of Social Psychology, 43, 307-318.

16. Jost, J., & Hunyady, O. (2003). The psychology of system justification and the palliative function of ideology. European Review of Social Psychology, 13, 111-153.

17. Keller, H. (1905). The story of my life. New York: Grosset & Dunlap.

18. Dan Harris，丁京鎬譯，《快樂，多10%就足夠》（10% 행복 플러스），ezbook 出版社，2014。

19. Kapleau, P. (1965). The three pillars of Zen: Teaching, practice, and enlightenment. Boston: Beacon Press.

20. Diener, E., Diener, M., & Diener, C. (1995). Factors predicting the subjective well-being of nations. Journal of Personality and Social Psychology, 69, 851-864.

21. Almlund, M., Duckworth, A. L., Heckman, J. J., & Kautz, T. D. (2011).Personality psychology and economics. In E. A.Hanushek, S.Machin, & L.Woessmann(Eds.), Handbook of the economics of education (pp. 1–181). Amsterdam: Elsevier.

22. Borghans, L., Golsteyn, B. H., Heckman, J. J., & Humphries, J. E. (2016).What grades and achievement tests measure. PNAS, 113, 13354–13359.
23. Chamorro-Premuzic, T., & Furnham, A. (2003). Personality predicts academic per formance : Evidence from two longitudinal university samples. Journal of Research in Personality, 37, 319-338.
24. Grace, L. J. (2016). Tranny: Confessions of punk rock's most infamous anarchist sellout. New York: Hachette Books.
25. Shmotkin, D., & Shrira, A. (2012). Happiness and suffering in the life story: An inquiry into conflicting expectations concerning the association of perceived past with present subjective well-being in old age. Journal of Happiness Studies, 13, 389-409.
26. Abramson, L. Y., & Sackheim, H. A. (1977). A paradox in depression: Uncontrollab ility and self-blame . Psychological Bulletin, 84, 838-851.
27. Neff, K. D., & Dahm, K. A. (2015). Self-compassion: What it is, what it does, and how it relates to mindfulness. In Handbook of mindfulness and self-regulation(pp. 121-137). Springer, New York, NY.
28. Deci, E. L., & Ryan, R. M. (1995). Human autonomy: The basis for true self-esteem. In M. Kemis (Ed.), Efficacy, agency, and self-esteem (pp. 31-49). New York:Plenum.
29. Neff, K. (2003). The development and validation of a scale to measure self-compassion. Self and Identity, 2, 223–250.

30. Neff, K. D., & Vonk, R. (2009). Self-compassion versus global self - esteem: Two different ways of relating to oneself. Journal of Personality, 77, 23-50.
31. Leary, M. R., Tate, E. B., Adams, C. E., Batts Allen, A., & Hancock, J. (2007). Self-compassion and reactions to unpleasant self-relevant events: The implications of treating oneself kindly. Journal of Personality and Social Psychology, 92, 887-904.
32. Neff, K. (2003). Self-compassion: An alternative conceptualization of a healthy attitude toward oneself. Self and Identity, 2, 85-101.

03 戰勝批判的練習

1. Leary, M. R. (2004). The curse of the self: Self-awareness, egotism, and the quality of human life. New York: Oxford University Press.
2. 與1相同。
3. Stutzer, A. (2004). The role of income aspirations in individual happiness. Journal of Economic Behavior & Organization, 54, 89-109.
4. Shaver, K. G., & Drown, D. (1986). On causality, responsibility, and self-blame: A theoretical note. Journal of Personality and Social Psychology, 50, 697-702.
5. Schumann, K., & Dweck, C. S. (2014). Who accepts responsibility for their transgressions？ Personality and Social Psychology Bulletin, 40, 1598-1610.

6. Tangney, J. P., Boone, A. L., & Dearling, R. (2005). Forgiving the self: Conceptual issues and empirical findings. In E. L. Worthington Jr. (Ed.), Handbook of forgiveness (pp. 143–158). New York, New York: Routledge.
7. 與6相同。
8. Neff, K. (2003). The development and validation of a scale to measure self-compassion. Self and Identity, 2, 223–250.
9. Barnard, L. K., & Curry, J. F. (2011). Self-compassion: Conceptualizations, correlates, & interventions. Review of General Psychology, 15, 289-303.
10. 與9相同。
11. Neff, K., Hsieh, Y., & Dejitterat, K. (2005). Self-compassion, achievement goals, and coping with academic failure. Self and Identity, 4, 263–287.
12. Eccles, J. S., & Wigfield, A. (2002). Motivational beliefs, values, and goals. Annual Review of Psychology, 53, 109-132.
13. Hjeltnes, A., Binder, P.-E., Moltu, C., & Dundas, I. (2015). Facing the fear of failure: An explorative qualitative study of client experiences in a mindfulness-based stress reduction program for university students with academic evaluation anxiety. International Journal of Qualitative Studies on Health and Well-Being, 10, 27990.
14. Harackiewicz, J. M., Barron, K. E., Tauer, J. M., Carter, S. M., & Elliot, A. J. (2000). Short-term and long-term consequences of achievement goals: Predicting interest and performance over time. Journal of Educational Psychology, 92, 316-330.

15. 與11相同。
16. Diener, E., Sandvik, E., & Pavot. W. (1991). Happiness is the frequency, not the intensity, of positive versus negative affect. In F. Strack & M. Argyle (Eds.), Subjective well-being: An interdisciplinary perspective. (Vol. 21, pp. 119-139). Oxford, England: Pergamon Press.
17. Scott Barry Kaufmann、Carolyn Gregoire、鄭美賢譯，《我的混亂，我的自相矛盾，和我的無限創意》（창의성을 타고나다）, WIRED to CREATE, 2017。
18. Dweck, C.S., Mangels, J.A., & Good, C. (2004). Motivational effects of attention, cognition and performance. In: Dai, D.Y., Sternberg, R.J., editors. Motivation, Emotion, and Cognition: Integrated Perspectives on Intellectual Functioning. (pp. 41–55). Mahwah, NJ: Erlbraum.
19. Haimovitz, K., & Dweck, C. S. (2016). Parents' views of failure predict children's fixed and growth intelligence mind-sets. Psychological Science, 27, 859-869.
20. Brewin, C. R., Firth-Cozens, J., Furnham, A., & McManus, C. (1992). Self-criticism in adulthood and recalled childhood experience. ,561-566.
21. Koestner, R., Zuroff, D. C., & Powers, T. A. (1991). Family origins of adolescent selfcriticism and its continuity into adulthood. Journal of Abnormal Psychology, 100, 191-197
22. Sachs-Ericsson, N., Verona, E., Joiner, T., & Preacher, K. J. (2006). Parental verbal abuse and the mediating role of self-criticism in adult internalizing disorders. Journal of Affective Disorders, 93, 71-78.

23. Bushman, B. J., DeWall, C. n., Pond, R. S., & Hanus, M. D. (2014). Low glucose relates to greater aggression in married couples. Proceedings of the national Academy of Sciences, 111, 6254-6257.

24. Twenge, J. M., Baumeister, R. F., Tice, D. M., & Stucke, T. S. (2001). If you can't join them, beat them: Effects of social exclusion on aggressive behavior. Journal of Personality and Social Psychology, 81, 1058-1069.

25. Hertenstein, M. J., Holmes, R., McCullough, M., & Keltner, D. (2009). The communication of emotion via touch. Emotion, 9, 566-573.

26. Uvnas-Moberg, K., Handlin, L., & Petersson, M. (2015). Self-soothing behaviors with particular reference to oxytocin release induced by non-noxious sensory stimulation. Frontiers in Psychology, 5, 1529.

27. Wiltermuth, S. S., & Cohen, T. R. (2014). 「I'd only let you down」: Guilt proneness and the avoidance of harmful interdependence. Journal of Personality and Social Psychology, 107, 925-942.

04 不假裝沒事也沒關係

1. Leary, M. R. (2004). The curse of the self: Self-awareness, egotism, and the quality of human life. New York: Oxford University Press.
2. Hewitt, P. L., & Flett, G. L. (1991). Perfectionism in the self and social contexts: Conceptualization, assessment, and association with psychopathology. Journal of Personality and Social Psychology, 60, 456- 470.
3. Amitay, O. A., Mongrain, M., & Fazaa, N. (2008). Love and control: Self-criticism in parents and daughters and perceptions of relationship partners. Personality and Individual Differences, 44, 75-85.
4. Plutchik, R. (2001). The nature of emotions: Human emotions have deep evolutionary roots, a fact that may explain their complexity and provide tools for clinical practice. American Scientist, 89, 344-350.
5. Rozin, P., & Royzman, E. B. (2001). Negativity bias, negativity dominance, and contagion. Personality and Social Psychology Review, 5, 296-320.
6. Schopenhauer, A. (1995). The world as will and representation. New York: Dover.
7. Cuddy, A. J. C., Fiske, S. T., & Glick, P. (2008). Warmth and competence as universal dimensions of social perception: The stereotype content model and the BIAS map. Advances in Experimental Social Psychology, 40, 61-149.

8. Pratto, L., & John, O. P. (1991). Automatic vigilance: The attention-grabbing power of negative social information. Journal of Personality and Social Psychology, 81, 380–391.
9. Osgood, C. E., May, W. H., & Miron, M. S. (1975). Cross-cultural universals ofaffective meaning. IL: University of Illinois Press.
10. 與5相同。
11. Dutton, D. G., & Aron, A. P. (1974). Some evidence for heightened sexual attraction under conditions of high anxiety. Journal of Personality and Social Psychology, 30, 510-517.
12. Schachter, S., & Singer, J. (1962). Cognitive, social, and physiological determinants of emotional state. Psychological Review, 69, 379-399.
13. Brooks, A. W. (2014). Get excited: Reappraising pre-performance anxiety as excitement. Journal of experimental Psychology: General, 143, 1144-1158.
14. Mandela in his own words. (2008, June 26). CNN, Retrieved from http://edition.cnn.com/2008/WORLD/africa/06/24/ mandela.quotes/.
15. Ong, A. D., Bergeman, C. S., Bisconti, T. L., & Wallace, K. A. (2006). Psychological resilience, positive emotions, and successful adaptation to stress in later life. Journal of Personality and Social Psychology, 91, 730-749.
16. Peterson, C., Park, N., & Seligman, M. E. (2006). Greater strengths of character and recovery from illness. The Journal of Positive Psychology, 1, 17-26.
17. Lama, D., Tutu, D. & Abrams, D. C. (2016). The Book of Joy: Lasting happiness in a changing world. New York: Avery.

18. Espelage, D. L., Hong, J. S., Rinehart, S., & Doshi, N. (2016). Understanding types, locations, & perpetrators of peer-to-peer sexual harassment in US middle schools: A focus on sex, racial, and grade differences. Children and Youth Services Review, 71, 174-183.

19. Kendi, I. X. (2016). Stamped from the beginning: The definitive history of racist ideas in America. New York: Nation Books.

20. Wang, M. T., & Kenny, S. (2014). Longitudinal links between fathers' and mothers' harsh verbal discipline and adolescents' conduct problems and depressive symptoms. Child Development, 85, 908-923.

21. 與20相同。

22. Samakow, J. (2017, Novermber 8). What science says about using physical force to punish a child. The Huffington Post. Retrieved from https://www.huffingtonpost.com/2014/09/18/adrian-peterson-corporalpunishment- science_n_5831962.html.

23. Ferguson, C. J. (2013). Spanking, corporal punishment and negative long term outcomes: A meta-analytic review of longitudinal studies. Clinical Psychology Review, 33, 196–208.

24. Gershoff, E. T. (2002). Corporal punishment by parents and associated child behaviors and experiences: A meta-analytic and theoretical review. Psychological Bulletin, 128, 539–579.

25. Amy Pauler，金美熙譯，「Yes Please」（예스 플리즈），Bookduck出版社，2017。

26. Wethington, E., & Kessler, R. C. (1986). Perceived support, received support, and adjustment to stressful life events. Journal of Health and Social Behavior, 27, 78-89.

27. Wilson, T. D., & Gilbert, D. T. (2008). Explaining away: A model of affective adaptation.

Perspectives on Psychological Science, 3, 370-386.

28. Park, C. L., & Folkman, S. (1997). Meaning in the context of stress and coping. Review of General Psychology, 1, 115-144.

29. Wortman, C. B., & Silver, R. C. (1989). The myths of coping with loss. Journal of Consulting and Clinical Psychology, 57, 349–357.

30. Bonanno, G. A. (2004) . Los s , trauma, and human resilience: Have we underestimated the human capacity to thrive after extremely aversive events ~· American Psychologist, 59, 20-28.

31. Bonanno, G. A., Wortman, C. B., Lehman, D. R., Tweed, R. G., Haring, M., Sonnega, J., et al. (2002). Resilience to loss and chronic grief: A prospective study from pre-loss to 18 months post-loss. Journal of Personality and Social Psychology, 83, 1150–1164.

32. Park, C. L. (2010). Making sense of the meaning literature: An integrative review of meaning making and its effects on adjustment to stressful life events. Psychological Bulletin, 136, 257-301.

33. Killingsworth, M. A., & Gilbert, D. T. (2010). A wandering mind is an unhappy mind. Science, 330, 932-932.

34. Eberth, J., & Sedlmeier, P. (2012). The effects of mindfulness meditation: A metaanalysis. Mindfulness, 3, 174-189.

35. Creswe l l , J. D., Pacilio, L. E. , Lindsay, E. K., & Brown, K. W. (2014). Brief mindfulness meditation training alters psychological and neuroendocrine responses to social evaluative stress. Psychoneuroendocrinology, 44, 1-12.

05 支撐生命的，並非特別偉大的事

1. Victor Frankel，李時亨譯，《活出意義來》（죽음의 수용소에서），菁莪出版社，2005。
2. Keller, H. (1905). The story of my life. New York: Grosset & Dunlap.
3. Rodin, J., & Langer, E. J. (1977). long-term effects of a control-relevant intervention with the institutionalized aged. Journal of Personality and Social Psychology, 35, 897-902.
4. Taylor, S. E., Kemeny, M. E., Reed, G. M., Bower, J. E., & Gruenewald, T. L. (2000). Psychological resources, positive illusions, and health. American Psychologist, 55, 99- 109.
5. Smith, E. E. (2017). The power of meaning: Crafting a life that matters. New York: Crown.
6. Gant, L. (2015). Love in every stitch: Stories of knitting and healing. NJ: Viva Editions.
7. King, L. A., Hicks, J. A., Krull, J. L., & Del Gaiso, A. K. (2006). Positive affect and the experience of meaning in life. Journal of Personality and Social Psychology, 90, 179- 196.
8. Hanh, T. N. (1999). The art of mindful living: How to bring love, compassion, and inner peace into your daily life. CO: Sounds True.
9. Heintzelman, S. J., & King, L. A. (2014). Life is pretty meaningful. American Psychologist, 69, 561-574.
10. King, L. A., Hicks, J. A., Krull, J. L., & Del Gaiso, A. K. (2006). Positive affect and the experience of meaning in life. Journal of Personality and Social Psychology, 90, 179- 196

11. Riediger, M., Schmiedek, F., Wagner, G. G., & Lindenberger, U. (2009). Seeking pleasure and seeking pain: Differences in prohedonic and contra-hedonic motivation from adolescence to old age. Psychological Science, 20, 1529-1535.
12. DeBeer, B. B., Kittel, J. A., Cook, A., Davidson, D., Kimbrel, N. A., Meyer, E. C., ... & Morissette, S. B. (2016). Predicting suicide risk in trauma exposed veterans: The role of health promoting behaviors. PLoS one, 11, e0167464.
13. Kleim, B., Wysokowsky, J., Schmid, N., Seifritz, E., & Rasch, B. (2016). Effects of sleep after experimental trauma on intrusive emotional memories. Sleep, 39, 2125-2132.
14. Hilbrand, S., Coall, D. A., Gerstorf, D., & Hertwig, R. (2017). Caregiving within and beyond the family is associated with lower mortality for the caregiver: A prospective study. Evolution and Human Behavior, 38, 397-403.
15. Dunn, E. W., Aknin, L. B., & Norton, M. I. (2008). Spending money on others promotes happiness. Science, 319, 1687- 1688.
16. Abdel-Khalek, A. M. (2002). Why do we fear death？ The construction and validation of the reasons for death fear scale. Death Studies, 26, 669-680.
17. Brooks, H., Rushton, K., Walker, S., Lovell, K., & Rogers, A. (2016). Ontological security and connectivity provided by pets: A study in the self-management of the everyday lives of people diagnosed with a long-term mental health condition. BMC Psychiatry, 16, 409.
18. Mandela, N. (1995). Long walk to freedom. New York: Back Bay Books.
19. 與10相同。

20. Baumeister, R. F., Vohs, K. D., Aaker, J. L., & Garbinsky, E. N. (2013). Some key differences between a happy life and a meaningful life. The Journal of Positive Psychology, 8, 505-516.
21. Vincent van Gogh，鄭震國譯，《梵谷書信選 1（暫譯）》（고히이 편지 1），Penguin Classics Korea 出版社，2011
22. 與 9 相同。
23. Heintzelman, S. J., Trent, J., & King, L. A. (2013). Encounters with objective coherence and the experience of meaning in life. Psychological Science, 24, 1–8.
24. Park, C. L. (2013) Trauma and meaning making: Converging, conceptualizations and emerging evidences. In J. A. Hicks & C. Routledge (Eds.), The Experience of Meaning in Life: Classical Perspectives, Emerging Themes, and Controversies (pp. 61–76). New York: Springer Press.
25. Linville, P. W. (1985). Self-complexity and affective extremity: Don't put all of your eggs in one cognitive basket. Social Cognition, 3, 94-120.
26. 'You've got to find what you love,' Jobs says. (2005, June 14). Stanford News. Retrieved from https://news.stanford.edu/2005/06/14/jobs-061505/.
27. Hicks, J. A., Trent, J., Davis, W. E., & King, L. A. (2012). Positive affect, meaning in life, and future time perspective: an application of socioemotional selectivity theory. Psychology and Aging, 27, 181-189.
28. Cozzolino, P. J., & Blackie, L. E. (2013). I die, therefore I am: The pursuit of meaning in the light of death In J. A. Hicks & C. Routledge (Eds.), The Experience of Meaning in Life: Classical Perspectives, Emerging Themes, and Controversies (pp. 31-46). New York: Springer Press.

29. Cozzolino, P. J., Staples, A. D., Meyers, L. S., & Samboceti, J. (2004). Greed, death, and values: From terror management to transcendence management theory. Personality and Social Psychology Bulletin, 30, 278-292.

30. Riediger, M., Schmiedek, F., Wagner, G. G., & Lindenberger, U. (2009). Seeking pleasure and seeking pain: Differences in prohedonic and contra-hedonic motivation from adolescence to old age. Psychological Science, 20, 1529-1535.

31. Celeste Ng, 金素庭譯，《無聲告白》（내가 너에게 절대로 말하지 않는 것들）, marshmallow 出版社, 2016.

06 守住底線，會更幸福

1. Tesser, A. (1988). Toward a self-evaluation maintenance model of social behavior. Advances in Experimental Social Psychology, 21, 181-227.

2. Pleban, R., & Tesser, A. (1981). The effects of relevance and quality of another's performance on interpersonal closeness. Social Psychology Quarterly, 44, 278-285.

3. Morrison, M., Epstude, K., & Roese, N. J. (2012). Life regrets and the need to belong. Social Psychological and Personality Science, 3, 675-681.

4. Baumeister, R. F., & Leary, M. R. (1995). The need to belong: Desire for interpersonal attachments as a fundamental human motivation. Psychological Bulletin, 117, 497- 529.

5. Lavigne, G. L., Vallerand, R. J., & Crevier-Braud, L. (2011). The fundamental need to belong: On the distinction between growth and deficit-reduction orientations. Personality and Social Psychology Bulletin, 37, 1185–1201.

6. Fehr, B. (2013). The social psychology of love. In J. A. Simpson & L. Campbell (Eds.), Handbook of close relationships (pp. 201–233). New York: Oxford Press.

7. Hegi, K. E., & Bergner, R. M. (2010). What is love？An empirically-based essentialist account. Journal of Social and Personal Relationships, 27, 620-636.

8. Diener, E., Suh, E. M., Kim-Prieto, C., Biswas-Diener, R., & Tay, L. S. (2010).Unhappiness in South Korea: Why it is high and what might be done about it. Seoul, Korean Psychological Association.

9. Spielmann et al., (2013). Settling for less out of fear of being single. Journal of Personality and Social Psychology, 105, 1049- 1073.

10. Orange County Rape Crisis Center

11. Frost, D. M., & Forrester, C. (2013). Closeness discrepancies in romantic relationships: Implications for relational well-being, stability, and mental health. Personality and Social Psychology Bulletin, 39, 456-469.

12. Gilbert, P., McEwan, K., Matos, M., & Rivis, A. (2011). Fears of compassion: Development of three self - report measures. Psychology and Psychotherapy: Theory, Research and Practice, 84, 239-255.

13. Gilbert, P. (2010). Compassion focused therapy: Distinctive features. UK: Routledge.

14. 與12相同。
15. Neff, K. D., & Seppala, E. (2016). Compassion, wellbeing, and the hypoegoic self. In K. W. Brown & M. R. Leary (Eds.), The Oxford handbook of hypo-egoic phenomena (pp. 189–203). New York: Oxford University Press.
16. Hutcherson, C. A., Seppala, E. M., & Gross, J. J. (2008). Loving-kindness meditation increases social connectedness. Emotion, 8, 720–724.
17. Fiske, S. T. (2009). Social beings: Core motives in social psychology. NJ: Wiley.
18. Feeney, B. C., & Collins, N. L. (2001). Predictors of caregiving in adult intimate relationships: An attachment theoretical perspective. Journal of Personality and Social Psychology, 80, 972-994.
19. Shaver, P. R., Mikulincer, M., Sahdra, B. K., & Gross, J. T. (2016). Attachment security as a foundation for kindness towards self and others. In K. W. Brown & M. R. Leary (Eds.), The Oxford handbook of hypoegoic phenomena (pp. 223-242). New York: Oxford University Press.
20. 與19相同。
21. Welp, L. R., & Brown, C. M. (2014). Self-compassion, empathy, and helping intentions. The Journal of Positive Psychology, 9, 54-65.
22. Panfile, T. M., & Laible, D. J. (2012). Attachment security and child's empathy: The mediating role of emotion regulation. Merrill-Palmer Quarterly, 58, 1-21.
23. Leary, M. R. (2004). The curse of the self: Self-awareness, egotism, and the quality of human life. New York: Oxford University Press.

24. Leary, M. R., Diebels, K. J., Davisson, E. K., Jongman-Sereno, K. P., Isherwood, J. C., Raimi, K. T., ... & Hoyle, R. H. (2017). Cognitive and interpersonal features of intellectual humility. Personality and Social Psychology Bulletin, 43, 793-813.
25. Berman, M. (2015, June 19). ‘I forgive you.' relatives of Charleston church shooting victims address Dylann Roof. The Washington Po s t. Re t r i e ved from https://www.washingtonpost.com/news/post-nation/wp/2015/06/19/i-forgive-you-relatives-ofcharleston-church-victims-address-dylannroof/ ?utm_term=.0f9ea2071a18.
26. Thompson, L. Y., Snyder, C. R., Hoffman, L., Michael, S. T., Rasmussen, H. N., Billings, L. S., ... & Roberts, D. E. (2005). Dispositional forgiveness of self, others, and situations. Journal of Personality, 73, 313-360.
27. 與26相同。
28. Exline, J. J. (2017). Forgiveness and the ego: Why hypo-egoic states foster forgiveness and prosocial responses. In S. A. David, I. Boniwell, & A. Conley Ayers (Eds.), TheOxford handbook of happiness (pp. 257–269). New York: Oxford University Press.
29. 與26相同。
30. <Gray's Anatomy>
31. Daum, M. (2016). Selfish, shallow, and self-absorbed: Sixteen writers on the decision not to have kids. UK: Picador.
32. Schumer, A. (2017). The girl with the lower back tattoo. New York: Gallery Books.

33. Davis, D. E., Worthington Jr, E. L., Hook, J. N., Emmons, R. A., Hill, P. C., Bollinger, R. A., & Van Tongeren, D. R. (2013). Humility and the development and repair of social bonds: Two longitudinal studies. Self and Identity, 12, 58-77.

34. Hill, P. C., & Laney, E. K. (2017). Beyond self-interest: Humility and the quieted self. In K. W. Brown & M. R. Leary (Eds.), The Oxford handbook of hypoegoic phenomena (pp. 243-255). New York: Oxford University Press.

35. 與34相同。

36. 與34相同。

這樣的我，也是不錯：
即使人生不那麼閃閃發光，你也能好好愛自己
나 , 지금 이대로 괜찮은 사람

作者　朴珍英（박진영）
譯者　何汲
執行編輯　顏妤安
行銷企劃　高芸珮
封面設計　Ancy Pi
版面構成　賴姵伶
發行人　王榮文
出版發行　遠流出版事業股份有限公司
地址　臺北市南昌路 2 段 81 號 6 樓
客服電話　02-2392-6899
傳真　02-2392-6658
郵撥　0189456-1
著作權顧問　蕭雄淋律師
2020 年 1 月 31 日　初版一刷
定價新台幣 340 元

ISBN　978-957-32-8693-6
遠流博識網　http://www.ylib.com　E-mail: ylib@ylib.com
（如有缺頁或破損，請寄回更換）

國家圖書館出版品預行編目 (CIP) 資料

這樣的我 , 也是不錯 : 即使人生不那麼閃閃發光 , 你也能好好愛自己 / 朴珍英著 ;
何汲譯 . -- 初版 . -- 臺北市 : 遠流 , 2020.01　面 ;　公分
ISBN 978-957-32-8693-6(平裝)
1. 自我肯定 2. 生活指導
177.2　　108021158